T&P BOOKS

AZERBAIJANO

V O C A B U L Á R I O

PORTUGUÊS BRASILEIRO

PORTUGUÊS AZERBAIJANO

Para alargar o seu léxico e apurar
as suas competências linguísticas

5000 palavras

Vocabulário Português Brasileiro-Azerbaijano - 5000 palavras

Por Andrey Taranov

Os vocabulários da T&P Books destinam-se a ajudar a aprender, a memorizar, e a rever palavras estrangeiras. O dicionário é dividido em temas, cobrindo todas as principais esferas de atividades quotidianas, negócios, ciência, cultura, etc.

O processo de aprendizagem, utilizando os dicionários baseados em temáticas da T&P Books dá-lhe as seguintes vantagens:

- Informação de origem corretamente agrupada predetermina o sucesso em fases subsequentes da memorização de palavras
- Disponibilização de palavras derivadas da mesma raiz, o que permite a memorização de unidades de texto (em vez de palavras separadas)
- Pequenas unidades de palavras facilitam o processo de estabelecimento de vínculos associativos necessários para a consolidação do vocabulário
- O nível de conhecimento da língua pode ser estimado pelo número de palavras aprendidas

T&P Books Publishing
www.tpbooks.com

ISBN: 978-1-78767-356-4

Este livro também está disponível em formato E-book.
Por favor visite www.tpbooks.com ou as principais livrarias on-line.

VOCABULÁRIO AZERBAIJANO
palavras mais úteis

Os vocabulários da T&P Books destinam-se a ajudar a aprender, a memorizar, e a rever palavras estrangeiras. O vocabulário contém mais de 5000 palavras de uso comum organizadas tematicamente.

O vocabulário contém as palavras mais comummente usadas
Recomendado como adicional para qualquer curso de línguas
Satisfaz as necessidades dos iniciados e dos alunos avançados de línguas estrangeiras
Conveniente para o uso diário, sessões de revisão e atividades de auto-teste
Permite avaliar o seu vocabulário

Características especias do vocabulário

• As palavras estão organizadas de acordo com o seu significado, e não por ordem alfabética
• As palavras são apresentadas em três colunas para facilitar os processos de revisão e auto-teste
• As palavras compostas são divididas em pequenos blocos para facilitar o processo de aprendizagem
• O vocabulário oferece uma transcrição simples e adequada de cada palavra estrangeira

O vocabulário contém 155 tópicos incluindo:

Conceitos básicos, Números, Cores, Meses, Estações do ano, Unidades de medida, Roupas & Acessórios, Alimentos & Nutrição, Restaurante, Membros da Família, Parentes, Caráter, Sentimentos, Emoções, Doenças, Cidade, Passeios, Compras, Dinheiro, Casa, Lar, Escritório, Trabalho no Escritório, Importação & Exportação, Marketing, Pesquisa de Emprego, Esportes, Educação, Computador, Internet, Ferramentas, Natureza, Países, Nacionalidades e muito mais ...

TABELA DE CONTEÚDOS

GUIA DE PRONUNCIAÇÃO

Letra	Exemplo Azerbaijano	Alfabeto fonético T&P	Exemplo Português
A a	stabil	[a]	chamar
B b	boksçu	[b]	barril
C c	Ceyran	[dʒ]	adjetivo
Ç ç	Çay	[tʃ]	Tchau!
D d	daraq	[d]	dentista
E e	fevral	[e]	metal
Ə ə	Əncir	[æ]	semana
F f	fokus	[f]	safári
G g	giriş	[g]	gosto
Ğ ğ	Çağırmaq	[ɣ]	agora
H h	həkim	[h]	[h] aspirada
X x	Xanım	[h]	[h] aspirada
I ı	Qarı	[ɪ]	sinônimo
İ i	dimdik	[i]	sinônimo
J j	Janr	[ʒ]	talvez
K k	kaktus	[k]	aquilo
Q q	Qravüra	[g]	gosto
L l	liman	[l]	libra
M m	mavi	[m]	magnólia
N n	nömrə	[n]	natureza
O o	okean	[o]	lobo
Ö ö	Göbələk	[ø]	orgulhoso
P p	parça	[p]	presente
R r	rəng	[r]	riscar
S s	sap	[s]	sanita
Ş ş	Şair	[ʃ]	mês
T t	tarix	[t]	tulipa
U u	susmaq	[u]	bonita
Ü ü	Ümid	[y]	questionar
V v	varlı	[v]	fava
Y y	Yaponiya	[j]	Vietnã
Z z	zarafat	[z]	asiático

ABREVIATURAS
usadas no vocabulário

Abreviaturas do Português

adj	-	adjetivo
adv	-	advérbio
anim.	-	animado
conj.	-	conjunção
desp.	-	esporte
etc.	-	Etcetera
ex.	-	por exemplo
f	-	nome feminino
f pl	-	feminino plural
fem.	-	feminino
inanim.	-	inanimado
m	-	nome masculino
m pl	-	masculino plural
m, f	-	masculino, feminino
masc.	-	masculino
mat.	-	matemática
mil.	-	militar
pl	-	plural
prep.	-	preposição
pron.	-	pronome
sb.	-	sobre
sing.	-	singular
v aux	-	verbo auxiliar
vi	-	verbo intransitivo
vi, vt	-	verbo intransitivo, transitivo
vr	-	verbo reflexivo
vt	-	verbo transitivo

CONCEITOS BÁSICOS

Conceitos básicos. Parte 1

1. Pronomes

eu	mən	['mæn]
você	sən	['sæn]
ele, ela	o	['o]
nós	biz	['biz]
vocês	siz	['siz]
eles, elas	onlar	[on'lar]

2. Cumprimentos. Saudações. Despedidas

Oi!	Salam!	[sa'lam]
Olá!	Salam!	[sa'lam]
Bom dia!	Sabahın xeyir!	[saba'hın χɛ'jır]
Boa tarde!	Günortan xeyir!	[gynor'tan χɛ'jır]
Boa noite!	Axşamın xeyir!	[aχʃa'mın χɛ'jır]
cumprimentar (vt)	salamlaşmaq	[salamlaʃ'mah]
Oi!	Salam!	[sa'lam]
saudação (f)	salam	[sa'lam]
saudar (vt)	salamlamaq	[salamla'mah]
Tudo bem?	Necəsən?	[nɛ'dʒ'æsæn]
E aí, novidades?	Nə yenilik var?	['næ ɛni'lik 'var]
Tchau! Até logo!	Xudahafiz!	[χudaha'fiz]
Até breve!	Tezliklə görüşənədək!	[tɛz'liklæ gøryʃæ'nædæk]
Adeus! (sing.)	Sağlıqla qal!	[sa'ɣlıgla 'gal]
Adeus! (pl)	Sağlıqla qalın!	[sa'ɣlıgla 'galın]
despedir-se (dizer adeus)	vidalaşmaq	[vidalaʃ'mah]
Até mais!	Hələlik!	[hælæ'lik]
Obrigado! -a!	Sağ ol!	['saɣ 'ol]
Muito obrigado! -a!	Çox sağ ol!	['tʃox 'saɣ 'ol]
De nada	Buyurun	['buyrun]
Não tem de quê	Dəyməz	[dæj'mæz]
Não foi nada!	Bir şey deyil	['bir 'ʃæj 'dɛjıl]
Desculpa!	Bağışla!	[baɣıʃ'la]
Desculpe!	Bağışlayın!	[baɣıʃ'lajın]
desculpar (vt)	Bağışlamaq	[baɣıʃla'mah]
desculpar-se (vr)	üzr istəmək	['juzr istæ'mæk]
Me desculpe	Üzrümü qəbul et	[yzry'my gæ'bul 'ɛt]

Desculpe!	Bağışlayın!	[baɣɯʃ'lajɯn]
perdoar (vt)	bağışlamaq	[baɣɯʃla'mah]
por favor	rica edirəm	[ri'dʒˈa ɛ'diræm]
Não se esqueça!	Unutmayın!	[u'nutmajɯn]
Com certeza!	Əlbəttə!	[æl'battæ]
Claro que não!	Əlbəttə yox!	[æl'battæ 'joχ]
Está bem! De acordo!	Razıyam!	[ra'zɯjam]
Chega!	Bəsti!	['bæsti]

3. Como se dirigir a alguém

senhor	Cənab	[dʒˈæ'nap]
senhora	Xanım	[χa'nɯm]
senhorita	Ay qız	['aj 'gɯz]
jovem	Cavan oğlan	[dʒˈa'van o'ɣlan]
menino	Ay oğlan	['aj o'ɣlan]
menina	Ay qız	['aj 'gɯz]

4. Números cardinais. Parte 1

zero	sıfır	['sɯfɯr]
um	bir	['bir]
dois	iki	[i'ki]
três	üç	['ytʃ]
quatro	dörd	['dørd]
cinco	beş	['bɛʃ]
seis	altı	[al'tɯ]
sete	yeddi	[ɛd'di]
oito	səkkiz	[sæk'kiz]
nove	doqquz	[dok'kuz]
dez	on	['on]
onze	on bir	['on 'bir]
doze	on iki	['on i'ki]
treze	on üç	['on 'jutʃ]
catorze	on dörd	['on 'dørd]
quinze	on beş	['on 'bɛʃ]
dezesseis	on altı	['on al'tɯ]
dezessete	on yeddi	['on ɛd'di]
dezoito	on səkkiz	['on sæk'kiz]
dezenove	on doqquz	['on dok'kuz]
vinte	iyirmi	[ijɯr'mi]
vinte e um	iyirmi bir	[ijɯr'mi 'bir]
vinte e dois	iyirmi iki	[ijɯr'mi i'ki]
vinte e três	iyirmi üç	[ijɯr'mi 'jutʃ]
trinta	otuz	[o'tuz]
trinta e um	otuz bir	[o'tuz 'bir]

trinta e dois	otuz iki	[o'tuz i'ki]
trinta e três	otuz üç	[o'tuz 'jutʃ]
quarenta	qırx	['gɪrχ]
quarenta e um	qırx bir	['gɪrχ 'bir]
quarenta e dois	qırx iki	['gɪrχ i'ki]
quarenta e três	qırx üç	['gɪrχ 'jutʃ]
cinquenta	əlli	[æl'li]
cinquenta e um	əlli bir	[æl'li 'bir]
cinquenta e dois	əlli iki	[æl'li i'ki]
cinquenta e três	əlli üç	[æl'li 'jutʃ]
sessenta	altmış	[alt'mɪʃ]
sessenta e um	altmış bir	[alt'mɪʃ 'bir]
sessenta e dois	altmış iki	[alt'mɪʃ i'ki]
sessenta e três	altmış üç	[alt'mɪʃ 'jutʃ]
setenta	yetmiş	[ɛt'miʃ]
setenta e um	yetmiş bir	[ɛt'miʃ 'bir]
setenta e dois	yetmiş iki	[ɛt'miʃ i'ki]
setenta e três	yetmiş üç	[ɛt'miʃ 'jutʃ]
oitenta	səksən	[sæk'sæn]
oitenta e um	səksən bir	[sæk'sæn 'bir]
oitenta e dois	səksən iki	[sæk'sæn i'ki]
oitenta e três	səksən üç	[sæk'sæn 'jutʃ]
noventa	doxsan	[doχ'san]
noventa e um	doxsan bir	[doχ'san 'bir]
noventa e dois	doxsan iki	[doχ'san i'ki]
noventa e três	doxsan üç	[doχ'san 'jutʃ]

5. Números cardinais. Parte 2

cem	yüz	['jyz]
duzentos	iki yüz	[i'ki 'juz]
trezentos	üç yüz	['jutʃ 'juz]
quatrocentos	dörd yüz	['dørd 'juz]
quinhentos	beş yüz	['bɛʃ 'juz]
seiscentos	altı yüz	[al'tɪ 'juz]
setecentos	yeddi yüz	[ɛd'di 'juz]
oitocentos	səkkiz yüz	[sæk'kiz 'juz]
novecentos	doqquz yüz	[dok'kuz 'juz]
mil	min	['min]
dois mil	iki min	[i'ki 'min]
três mil	üç min	['jutʃ 'min]
dez mil	on min	['on 'min]
cem mil	yüz min	['juz 'min]
um milhão	milyon	[mi'ljon]
um bilhão	milyard	[mi'ljard]

13

6. Números ordinais

primeiro (adj)	birinci	[birin'dʒˈi]
segundo (adj)	ikinci	[ikin'dʒˈi]
terceiro (adj)	üçüncü	[ytʃun'dʒˈu]
quarto (adj)	dördüncü	[dørdyn'dʒy]
quinto (adj)	beşinci	[bɛʃin'dʒˈi]
sexto (adj)	altıncı	[altın'dʒˈı]
sétimo (adj)	yeddinci	[ɛddin'dʒˈi]
oitavo (adj)	səkkizinci	[sækkizin'dʒˈi]
nono (adj)	doqquzuncu	[dokkuzun'dʒy]
décimo (adj)	onuncu	[onun'dʒˈu]

7. Números. Frações

fração (f)	kəsr	['kæsr]
um meio	ikidə bir	[iki'dæ 'bir]
um terço	üçdə bir	[ytʃ'dæ 'bir]
um quarto	dörddə bir	[dørd'da 'bir]
um oitavo	səkkizdə bir	[sækkiz'dæ 'bir]
um décimo	onda bir	[on'da 'bir]
dois terços	üçdə iki	[ytʃ'dæ i'ki]
três quartos	dörddə üç	[dørd'dæ 'jutʃ]

8. Números. Operações básicas

subtração (f)	çıxma	[tʃıx'ma]
subtrair (vi, vt)	çıxmaq	[tʃıx'mah]
divisão (f)	bölmə	[bøl'mæ]
dividir (vt)	bölmək	[bøl'mæk]
adição (f)	toplama	[topla'ma]
somar (vt)	toplamaq	[topla'mah]
adicionar (vt)	artırmaq	[artır'mah]
multiplicação (f)	vurma	[vur'ma]
multiplicar (vt)	vurmaq	[vur'mah]

9. Números. Diversos

algarismo, dígito (m)	rəqəm	[ræ'gæm]
número (m)	say	['saj]
numeral (m)	say	['saj]
menos (m)	minus	['minus]
mais (m)	plyus	['plˈus]
fórmula (f)	düstur	[dys'tur]
cálculo (m)	hesab	[hɛ'sap]
contar (vt)	saymaq	[saj'mah]

| calcular (vt) | hesablamaq | [hɛsabla'mah] |
| comparar (vt) | müqayise etmek | [mygajı'sæ ɛt'mæk] |

| Quanto? | Ne qeder? | ['næ gæ'dær] |
| Quantos? -as? | Neçe? | [nɛ'ʧæ] |

soma (f)	mebleğ	[mæb'læɣ]
resultado (m)	netice	[næti'dʒ'æ]
resto (m)	qalıq	[ga'lıh]

alguns, algumas ...	bir neçe	[bir nɛ'ʧæ]
pouco (~ tempo)	bir az ...	['bir 'az ...]
resto (m)	qalanı	[gala'nı]
um e meio	bir yarım	['bir ja'rım]
dúzia (f)	on iki	['on i'ki]

ao meio	ten yarı	['tæn ja'rı]
em partes iguais	tenberaber	[tænbæra'bær]
metade (f)	yarım	[ja'rım]
vez (f)	defe	[dæ'fæ]

10. Os verbos mais importantes. Parte 1

abrir (vt)	açmaq	[aʧ'mah]
acabar, terminar (vt)	qurtarmaq	[gurtar'mah]
aconselhar (vt)	meslehet vermek	[mæslæ'hæt vɛr'mæk]
adivinhar (vt)	tapmaq	[tap'mah]
advertir (vt)	xeberdarlıq etmek	[χæbærdar'lıh ɛt'mæk]

ajudar (vt)	kömek etmek	[kø'mæk ɛt'mæk]
almoçar (vi)	nahar etmek	[na'har ɛt'mæk]
alugar (~ um apartamento)	kiraye etmek	[kira'jæ ɛt'mæk]
amar (pessoa)	sevmek	[sɛv'mæk]
ameaçar (vt)	hedelemek	[hædælæ'mæk]

anotar (escrever)	yazmaq	[jaz'mah]
apressar-se (vr)	telesmek	[tælæs'mæk]
arrepender-se (vr)	heyfsilenmek	[hɛjfsilæn'mæk]
assinar (vt)	imzalamaq	[imzala'mah]
brincar (vi)	zarafat etmek	[zara'fat ɛt'mæk]

brincar, jogar (vi, vt)	oynamaq	[ojna'mah]
buscar (vt)	axtarmaq	[aχtar'mah]
caçar (vi)	ova çıxmaq	[o'va ʧıχ'mah]
cair (vi)	yıxılmaq	[jıχıl'mah]
cavar (vt)	qazmaq	[gaz'mah]
chamar (~ por socorro)	çağırmaq	[ʧaɣır'mah]

chegar (vi)	gelmek	[gæl'mæk]
chorar (vi)	ağlamaq	[aɣla'mah]
começar (vt)	başlamaq	[baʃla'mah]
comparar (vt)	müqayise etmek	[mygajı'sæ ɛt'mæk]
concordar (dizer "sim")	razı olmaq	[ra'zı ol'mah]
confiar (vt)	etibar etmek	[ɛti'bar ɛt'mæk]

confundir (equivocar-se)	dolaşıq salmaq	[dola'ʃıh sal'mah]
conhecer (vt)	tanımaq	[tanı'mah]
contar (fazer contas)	saymaq	[saj'mah]
contar com ...	bel bağlamaq	['bɛl baɣla'mah]
continuar (vt)	davam etdirmək	[da'vam ɛtdir'mæk]

controlar (vt)	nəzarət etmək	[næza'ræt ɛt'mæk]
convidar (vt)	dəvət etmək	[dæ'væt ɛt'mæk]
correr (vi)	qaçmaq	[gatʃ'mah]
criar (vt)	yaratmaq	[jarat'mah]
custar (vt)	qiyməti olmaq	[gijmæ'ti ol'mah]

11. Os verbos mais importantes. Parte 2

dar (vt)	vermək	[vɛr'mæk]
dar uma dica	eyham vurmaq	[ɛj'ham vur'mah]
decorar (enfeitar)	bəzəmək	[bæzæ'mæk]
defender (vt)	müdafiyə etmək	[mydafi'jæ ɛt'mæk]
deixar cair (vt)	yerə salmaq	[ɛ'ræ sal'mah]

descer (para baixo)	aşağı düşmək	[aʃa'ɣı dyʃ'mæk]
desculpar-se (vr)	üzr istəmək	['juzr istæ'mæk]
dirigir (~ uma empresa)	idarə etmək	[ida'ræ ɛt'mæk]
discutir (notícias, etc.)	müzakirə etmək	[myzaki'ræ ɛt'mæk]

disparar, atirar (vi)	atəş açmaq	[a'tæʃ atʃ'mah]
dizer (vt)	demək	[dɛ'mæk]
duvidar (vt)	şübhələnmək	[ʃybhælæn'mæk]
encontrar (achar)	tapmaq	[tap'mah]
enganar (vt)	aldatmaq	[aldat'mah]

entender (vt)	başa düşmək	[ba'ʃa dyʃ'mæk]
entrar (na sala, etc.)	daxil olmaq	[da'xil ol'mah]
enviar (uma carta)	göndərmək	[gøndær'mæk]
errar (enganar-se)	səhv etmək	['sæhv ɛt'mæk]
escolher (vt)	seçmək	[sɛtʃ'mæk]

esconder (vt)	gizlətmək	[gizlæt'mæk]
escrever (vt)	yazmaq	[jaz'mah]
esperar (aguardar)	gözləmək	[gøzlæ'mæk]
esperar (ter esperança)	ümid etmək	[y'mid ɛt'mæk]
esquecer (vt)	unutmaq	[unut'mah]

estudar (vt)	öyrənmək	[øjræn'mæk]
exigir (vt)	tələb etmək	[tæ'læp ɛt'mæk]
existir (vi)	mövcud olmaq	[møv'dʒyd ol'mah]
explicar (vt)	izah etmək	[i'zah ɛt'mæk]

falar (vi)	danışmaq	[danıʃ'mah]
faltar (a la escuela, etc.)	buraxmaq	[buraχ'mah]
fazer (vt)	etmək	[ɛt'mæk]
ficar em silêncio	susmaq	[sus'mah]
gabar-se (vr)	lovğalanmaq	[lovɣalan'mah]
gostar (apreciar)	xoşuna gəlmək	[χoʃu'na gæl'mæk]

gritar (vi)	çığırmaq	[ʧɪɣɪr'mah]
guardar (fotos, etc.)	saxlamaq	[saχla'mah]
informar (vt)	məlumat vermək	[mælʲu'mat vɛr'mæk]
insistir (vi)	təkid etmək	[tæ'kid ɛt'mæk]

insultar (vt)	təhkir etmək	[tæh'kir ɛt'mæk]
interessar-se (vr)	maraqlanmaq	[maraglan'mah]
ir (a pé)	getmək	[gɛt'mæk]
ir nadar	çimmək	[ʧim'mæk]
jantar (vi)	axşam yeməyi yemək	[aχ'ʃam ɛmæ'jɪ ɛ'mæk]

12. Os verbos mais importantes. Parte 3

ler (vt)	oxumaq	[oχu'mah]
libertar, liberar (vt)	azad etmək	[a'zad ɛt'mæk]
matar (vt)	öldürmək	[øldyr'mæk]
mencionar (vt)	adını çəkmək	[adɪ'nɪ ʧæk'mæk]
mostrar (vt)	göstərmək	[gøstær'mæk]

mudar (modificar)	dəyişmək	[dæiʃ'mæk]
nadar (vi)	üzmək	[yz'mæk]
negar-se a ... (vr)	imtina etmək	[imti'na ɛt'mæk]
objetar (vt)	etiraz etmək	[ɛti'raz ɛt'mæk]

observar (vt)	müşaidə etmək	[myʃai'dæ ɛt'mæk]
ordenar (mil.)	əmr etmək	['æmr ɛt'mæk]
ouvir (vt)	eşitmək	[ɛʃit'mæk]
pagar (vt)	pulunu ödəmək	[pulʲu'nu ødæ'mæk]
parar (vi)	dayanmaq	[dajan'mah]

parar, cessar (vt)	kəsmək	[kæs'mæk]
participar (vi)	iştirak etmək	[iʃti'rak ɛt'mæk]
pedir (comida, etc.)	sifariş etmək	[sifa'riʃ ɛt'mæk]
pedir (um favor, etc.)	xahiş etmək	[χa'hiʃ ɛt'mæk]
pegar (tomar)	almaq	[al'mah]

pegar (uma bola)	tutmaq	[tut'mah]
pensar (vi, vt)	düşünmək	[dyʃyn'mæk]
perceber (ver)	görmək	[gør'mæk]
perdoar (vt)	bağışlamaq	[baɣɪʃla'mah]
perguntar (vt)	soruşmaq	[soruʃ'mah]

permitir (vt)	icazə vermək	[idʒʲa'zæ vɛr'mæk]
pertencer a ... (vi)	mənsub olmaq	[mæn'sup ol'mah]
planejar (vt)	planlaşdırmaq	[planlaʃdɪr'mah]
poder (~ fazer algo)	bacarmaq	[badʒʲar'mah]
possuir (uma casa, etc.)	sahib olmaq	[sa'hip ol'mah]

preferir (vt)	üstünlük vermək	[ystyn'lyk vɛr'mæk]
preparar (vt)	hazırlamaq	[hazɪrla'mah]
prever (vt)	qabaqcadan görmək	[ga'bagdʒʲadan gør'mæk]
prometer (vt)	vəd etmək	['væd ɛt'mæk]
pronunciar (vt)	tələffüz etmək	[tælæf'fyz ɛt'mæk]
propor (vt)	təklif etmək	[tæk'lif ɛt'mæk]

punir (castigar)	cəzalandırmaq	[dʒʲæzalandır'mah]
quebrar (vt)	qırmaq	[gır'mah]
queixar-se de ...	şikayət etmək	[ʃika'jæt ɛt'mæk]
querer (desejar)	istəmək	[istæ'mæk]

13. Os verbos mais importantes. Parte 4

ralhar, repreender (vt)	danlamaq	[danla'mah]
recomendar (vt)	məsləhət görmək	[mæslæ'hæt gør'mæk]
repetir (dizer outra vez)	təkrar etmək	[tæk'rar ɛt'mæk]
reservar (~ um quarto)	sifariş etmək	[sifa'riʃ ɛt'mæk]
responder (vt)	cavab vermək	[dʒʲa'vap vɛr'mæk]

rezar, orar (vi)	dua etmək	[du'a ɛt'mæk]
rir (vi)	gülmək	[gylʲ'mæk]
roubar (vt)	oğurlamaq	[oɣurla'mah]
saber (vt)	bilmək	[bil'mæk]
sair (~ de casa)	çıxmaq	[tʃʲıχ'mah]

salvar (resgatar)	xilas etmək	[χi'las ɛt'mæk]
seguir (~ alguém)	ardınca getmək	[ar'dındʒʲa gɛt'mæk]
sentar-se (vr)	oturmaq	[otur'mah]
ser necessário	tələb olunmaq	[tæ'læp olʲun'mah]

ser, estar	olmaq	[ol'mah]
significar (vt)	ifadə etmək	[ifa'dæ ɛt'mæk]
sorrir (vi)	gülümsəmək	[gylymsæ'mæk]
subestimar (vt)	lazımi qədər qiymətləndirməmək	[lazı'mi gæ'dær gijmætlæn'dirmæmæk]
surpreender-se (vr)	təəccüblənmək	[taædʒyblæn'mæk]

tentar (~ fazer)	sınamaq	[sına'mah]
ter (vt)	malik olmaq	['malik ol'mah]
ter fome	yemək istəmək	[ɛ'mæk istɛ'mæk]

ter medo	qorxmaq	[gorχ'mah]
ter sede	içmək istəmək	[itʃ'mæk istæ'mæk]
tocar (com as mãos)	əl vurmaq	['æl vur'mah]
tomar café da manhã	səhər yeməyi yemək	[sæ'hær ɛmæ'jı ɛ'mæk]
trabalhar (vi)	işləmək	[iʃlæ'mæk]
traduzir (vt)	tərcümə etmək	[tærdʒy'mæ ɛt'mæk]

unir (vt)	birləşdirmək	[birlæʃdir'mæk]
vender (vt)	satmaq	[sat'mah]
ver (vt)	görmək	[gør'mæk]
virar (~ para a direita)	döndərmək	[døndær'mæk]
voar (vi)	uçmaq	[utʃ'mah]

14. Cores

| cor (f) | rəng | ['rænh] |
| tom (m) | çalar | [tʃa'lar] |

| tonalidade (m) | ton | ['ton] |
| arco-íris (m) | qövsi-quzeh | [gøvsi gy'zɛh] |

branco (adj)	ağ	['aɣ]
preto (adj)	qara	[ga'ra]
cinza (adj)	boz	['boz]

verde (adj)	yaşıl	[ja'ʃɪl]
amarelo (adj)	sarı	[sa'rɪ]
vermelho (adj)	qırmızı	[gɪrmɪ'zɪ]

azul (adj)	göy	['gøj]
azul claro (adj)	mavi	[ma'vi]
rosa (adj)	çehrayı	[ʧæhra'jɪ]
laranja (adj)	narıncı	[narɪn'ʤʲɪ]
violeta (adj)	benövşeyi	[bænøvʃæ'jɪ]
marrom (adj)	şabalıdı	[ʃabalɪ'dɪ]

| dourado (adj) | qızıl | [gɪ'zɪl] |
| prateado (adj) | gümüşü | [gymy'ʃy] |

bege (adj)	bej rengli	[bɛʒ ræng'li]
creme (adj)	krem rengli	[krɛm ræng'li]
turquesa (adj)	firuzeyi	[firuzæ'jɪ]
vermelho cereja (adj)	tünd qırmızı	['tynd gɪrmɪ'zɪ]
lilás (adj)	açıq benövşeyi	[a'ʧɪh bænøvʃæ'jɪ]
carmim (adj)	moruq rengli	[moruh ræng'li]

claro (adj)	açıq rengli	[a'ʧɪh ræng'li]
escuro (adj)	tünd	['tynd]
vivo (adj)	parlaq	[par'lah]

de cor	rengli	[ræng'li]
a cores	rengli	[ræng'li]
preto e branco (adj)	ağ-qara	['aɣ ga'ra]
unicolor (de uma só cor)	birreng	[bir'rænh]
multicolor (adj)	müxtelif rengli	[myχtæ'lif ræng'li]

15. Questões

Quem?	Kim?	['kim]
O que?	Ne?	['næ]
Onde?	Harada?	['harada]
Para onde?	Haraya?	['haraja]
De onde?	Haradan?	['haradan]
Quando?	Ne zaman?	['næ za'man]
Para quê?	Niye?	[ni'jæ]
Por quê?	Ne üçün?	['næ ju'ʧun]

Para quê?	Neden ötrü?	[næ'dæn øt'ry]
Como?	Nece?	[nɛ'ʤʲæ]
Qual (~ é o problema?)	Ne cür?	['næ 'ʤyr]
Qual (~ deles?)	Hansı?	[han'sɪ]
A quem?	Kime?	[ki'mæ]

De quem?	Kimdən?	[kim'dæn]
Do quê?	Nədən?	[næ'dæn]
Com quem?	Kiminlə?	[ki'minlæ]

Quantos? -as?	Neçə?	[nɛ'ʧæ]
Quanto?	Nə qədər?	['næ gæ'dær]
De quem? (masc.)	Kimin?	[ki'min]

16. Preposições

com (prep.)	ilə	[i'læ]
sem (prep.)	... sız	[... sız]
a, para (exprime lugar)	da	['da]
sobre (ex. falar ~)	haqqında	[hakkın'da]
antes de ...	qabaq	[ga'bah]
em frente de ...	qarşısında	[garʃısın'da]

debaixo de ...	altında	[altın'da]
sobre (em cima de)	üstündə	[ystyn'dæ]
em ..., sobre ...	üzərində	[yzærin'dæ]
de, do (sou ~ Rio de Janeiro)	... dan	[... dan]
de (feito ~ pedra)	... dan	[... dan]

| em (~ 3 dias) | sonra | [son'ra] |
| por cima de ... | üstündən | [ystyn'dæn] |

17. Palavras funcionais. Advérbios. Parte 1

Onde?	Harada?	['harada]
aqui	burada	['burada]
lá, ali	orada	['orada]

| em algum lugar | harada isə | ['harada isɛ] |
| em lugar nenhum | heç bir yerdə | ['hɛʧ 'bir ɛr'dæ] |

| perto de ... | yanında | [janın'da] |
| perto da janela | pəncərənin yanında | [pændʒ!æræ'nin janın'da] |

Para onde?	Haraya?	['haraja]
aqui	buraya	['buraja]
para lá	oraya	['oraja]
daqui	buradan	['buradan]
de lá, dali	oradan	['oradan]

| perto | yaxın | [ja'χın] |
| longe | uzaq | [u'zah] |

perto de ...	yanaşı	[jana'ʃı]
à mão, perto	yaxında	[jaχın'da]
não fica longe	yaxında	[jaχın'da]
esquerdo (adj)	sol	['sol]
à esquerda	soldan	[sol'dan]

para a esquerda	sola	[so'la]
direito (adj)	sağ	['saɣ]
à direita	sağdan	[sa'ɣdan]
para a direita	sağa	[sa'ɣa]

em frente	qabaqdan	[gabag'dan]
da frente	qabaq	[ga'bah]
adiante (para a frente)	irəli	[iræ'li]

atrás de ...	arxada	[arχa'da]
de trás	arxadan	[arχa'dan]
para trás	arxaya	[arχa'ja]

| meio (m), metade (f) | orta | [or'ta] |
| no meio | ortada | [orta'da] |

do lado	qıraqdan	[gırag'dan]
em todo lugar	hər yerdə	['hær ɛr'dæ]
por todos os lados	ətrafında	[ætrafın'da]

de dentro	içəridən	[itʃæri'dæn]
para algum lugar	haraya isə	['haraja i'sæ]
diretamente	düzünə	[dyzy'næ]
de volta	geriyə	[gɛri'jæ]

| de algum lugar | haradan olsa | ['haradan ol'sa] |
| de algum lugar | haradansa | ['haradansa] |

em primeiro lugar	birincisi	[birindʒˈi'si]
em segundo lugar	ikincisi	[ikintʃi'si]
em terceiro lugar	üçüncüsü	[ytʃundʒˈu'sy]

de repente	qəflətən	['gæflætæn]
no início	başlanqıcda	[baʃlanqıdʒˈi'da]
pela primeira vez	birinci dəfə	[birin'dʒˈi dæ'fæ]
muito antes de ...	xeyli əvvəl	['χɛjli æv'væl]
de novo	yenidən	[ɛni'dæn]
para sempre	həmişəlik	[hæmiʃæ'lik]

nunca	heç bir zaman	['hɛtʃ 'bir za'man]
de novo	yenə	['ɛnæ]
agora	indi	[in'di]
frequentemente	tez-tez	['tɛz 'tɛz]
então	onda	[on'da]
urgentemente	təcili	[tædʒˈi'li]
normalmente	adətən	['adætæn]

a propósito, ...	yeri gəlmişkən	[ɛ'ri gæl'miʃkæn]
é possível	ola bilsin	[o'la bil'sin]
provavelmente	ehtimal ki	[ɛhti'mal 'ki]
talvez	ola bilər	[o'la bi'lær]
além disso, ...	bundan başqa ...	[bun'dan baʃ'ga ...]
por isso ...	buna görə	[bu'na gø'ræ]
apesar de ...	baxmayaraq ki ...	['baχmajarah ki ...]
graças a ...	sayəsində ...	[sajæsin'dæ ...]
que (pron.)	nə	['næ]

que (conj.)	ki	['ki]
algo	nə isə	['næ i'sæ]
alguma coisa	bir şey	['bir 'ʃɛj]
nada	heç bir şey	['hɛtʃ 'bir 'ʃæj]

quem	kim	['kim]
alguém (~ que …)	kim isə	['kim i'sæ]
alguém (com ~)	birisi	[biri'si]

ninguém	heç kim	['hɛtʃ kim]
para lugar nenhum	heç bir yerə	['hɛtʃ 'bir ɛ'ræ]
de ninguém	heç kimin	['hɛtʃ ki'min]
de alguém	kiminsə	[ki'minsæ]

tão	belə	[bɛ'læ]
também (gostaria ~ de …)	habelə	['habɛlæ]
também (~ eu)	həmçinin	['hæmtʃinin]

18. Palavras funcionais. Advérbios. Parte 2

Por quê?	Nə üçün?	['næ ju'tʃun]
por alguma razão	nədənsə	[næ'dænsæ]
porque …	ona görə ki	[o'na gø'ræ 'ki]
por qualquer razão	nə səbəbə isə	['næ sæbæ'bæ i'sæ]

e (tu ~ eu)	və	['væ]
ou (ser ~ não ser)	yaxud	['jaχud]
mas (porém)	amma	['amma]
para (~ a minha mãe)	üçün	[y'tʃun]

muito, demais	həddindən artıq	[hæddin'dæn ar'tıh]
só, somente	yalnız	['jalnız]
exatamente	dəqiq	[dæ'gih]
cerca de (~ 10 kg)	təqribən	[tæg'ribæn]

aproximadamente	təxminən	[tæχ'minæn]
aproximado (adj)	təxmini	[tæχmi'ni]
quase	demək olar ki	[dɛ'mæk o'lar 'ki]
resto (m)	qalanı	[gala'nı]

cada (adj)	hər bir	['hær 'bir]
qualquer (adj)	hansı olursa olsun	[han'sı o'lʲursa ol'sun]
muito, muitos, muitas	çox	['tʃoχ]
muitas pessoas	çoxları	[tʃoχla'rı]
todos	hamısı	['hamısı]

em troca de …	bunun əvəzində	[bu'nun ævæzin'dæ]
em troca	əvəzində	[ævæzin'dæ]
à mão	əl ilə	['æl i'læ]
pouco provável	çətin ola bilsin	[tʃæ'tin o'la bil'sin]

provavelmente	guman ki	[gy'man 'ki]
de propósito	bilərək	[bi'læræk]
por acidente	təsadüfən	[tæ'sadyfæn]

muito	çox	['tʃox]
por exemplo	məsələn	['mæsælæn]
entre	arasında	[arasın'da]
entre (no meio de)	ortasında	[ortasın'da]
tanto	bu qədər	['bu gæ'dær]
especialmente	xüsusilə	[xysu'silæ]

Conceitos básicos. Parte 2

19. Dias da semana

segunda-feira (f)	bazar ertəsi	[ba'zar ɛrtæ'si]
terça-feira (f)	çərşənbə axşamı	[ʧærʃæn'bæ aχʃa'mı]
quarta-feira (f)	çərşənbə	[ʧærʃæn'bæ]
quinta-feira (f)	cümə axşamı	[ʤy'mæ aχʃa'mı]
sexta-feira (f)	cümə	[ʤy'mæ]
sábado (m)	şənbə	[ʃæn'bæ]
domingo (m)	bazar	[ba'zar]
hoje	bu gün	['bu 'gyn]
amanhã	sabah	['sabah]
depois de amanhã	birigün	[bi'rigyn]
ontem	dünən	['dynæn]
anteontem	sırağa gün	[sıra'ɣa 'gyn]
dia (m)	gündüz	[gyn'dyz]
dia (m) de trabalho	iş günü	['iʃ gy'ny]
feriado (m)	bayram günü	[baj'ram gy'ny]
dia (m) de folga	istirahət günü	[istira'hæt gy'ny]
fim (m) de semana	istirahət günləri	[istira'hæt gynlɛ'ri]
o dia todo	bütün günü	[by'tyn gy'ny]
no dia seguinte	ertəsi gün	[ɛrtæ'si 'gyn]
há dois dias	iki gün qabaq	[i'ki 'gyn ga'bah]
na véspera	ərəfəsində	[æræfæsin'dæ]
diário (adj)	gündəlik	[gyndæ'lik]
todos os dias	hər gün	['hær 'gyn]
semana (f)	həftə	[hæf'tæ]
na semana passada	keçən həftə	[kɛ'ʧæn hæf'tæ]
semana que vem	gələn həftə	[gæ'læn hæf'tæ]
semanal (adj)	həftəlik	[hæftæ'lik]
toda semana	həftədə bir	[hæftæ'dæ 'bir]
duas vezes por semana	həftədə iki dəfə	[hæftæ'dæ i'ki dæ'fæ]
toda terça-feira	hər çərşənbə axşamı	['hær ʧærʃæn'bæ aχʃa'mı]

20. Horas. Dia e noite

manhã (f)	səhər	[sæ'hær]
de manhã	səhərçağı	[sæ'hær ʧa'ɣı]
meio-dia (m)	günorta	[gynor'ta]
à tarde	nahardan sonra	[nahar'dan son'ra]
tardinha (f)	axşam	[aχ'ʃam]
à tardinha	axşam	[aχ'ʃam]

noite (f)	gecə	[gɛ'dʒʲæ]
à noite	gecə	[gɛ'dʒʲæ]
meia-noite (f)	gecəyarı	[gɛdʒʲæja'rı]

segundo (m)	saniyə	[sani'jæ]
minuto (m)	dəqiqə	[dægi'gæ]
hora (f)	saat	[sa'at]
meia hora (f)	yarım saat	[ja'rım sa'at]
quarto (m) de hora	on beş dəqiqə	['on 'bɛʃ dægi'gæ]
quinze minutos	on beş dəqiqə	['on 'bɛʃ dægi'gæ]
vinte e quatro horas	gecə-gündüz	[gɛ'dʒʲæ gyn'dyz]

nascer (m) do sol	günəşin doğması	[gynæ'ʃin doɣma'sı]
amanhecer (m)	şəfəq	[ʃæ'fæh]
madrugada (f)	səhər tezdən	[sæ'hær tɛz'dæn]
pôr-do-sol (m)	gün batan çağı	['gyn ba'tan tʃa'ɣı]

de madrugada	erkəndən	[ɛrkæn'dæn]
esta manhã	bu gün səhər	['bu 'gyn sæ'hær]
amanhã de manhã	sabah səhər	['sabah sæ'hær]

esta tarde	bu gün günorta çağı	['bu 'gyn gynor'ta tʃa'ɣı]
à tarde	nahardan sonra	[nahar'dan son'ra]
amanhã à tarde	sabah nahardan sonra	['sabah nahar'dan son'ra]

esta noite, hoje à noite	bu gün axşam	['bu 'gyn aχ'ʃam]
amanhã à noite	sabah axşam	['sabah aχ'ʃam]

às três horas em ponto	saat üç tamamda	[sa'at 'jutʃ tamam'da]
por volta das quatro	təxminən saat dörd radələrində	[tæχ'minæn sa'at 'dørd radælærin'dæ]
às doze	saat on iki üçün	[sa'at 'on i'ki ju'tʃun]

em vinte minutos	iyirmi dəqiqədən sonra	[ijır'mi dægigæ'dæn son'ra]
em uma hora	bir saatdan sonra	['bir saat'dan son'ra]
a tempo	vaxtında	[vaχtın'da]

... um quarto para	on beş dəqiqə qalmış	['on 'bɛʃ dægi'gæ gal'mıʃ]
dentro de uma hora	bir saat ərzində	['bir sa'at ærzin'dæ]
a cada quinze minutos	hər on beş dəqiqədən bir	['hær 'on 'bɛʃ dægigæ'dæn bir]
as vinte e quatro horas	gecə-gündüz	[gɛ'dʒʲæ gyn'dyz]

21. Meses. Estações

janeiro (m)	yanvar	[jan'var]
fevereiro (m)	fevral	[fɛv'ral]
março (m)	mart	['mart]
abril (m)	aprel	[ap'rɛl]
maio (m)	may	['maj]
junho (m)	iyun	[i'jun]

julho (m)	iyul	[i'jul]
agosto (m)	avqust	['avgust]

setembro (m)	sentyabr	[sɛn'tʲabr]
outubro (m)	oktyabr	[ok'tʲabr]
novembro (m)	noyabr	[no'jabr]
dezembro (m)	dekabr	[dɛ'kabr]
primavera (f)	yaz	['jaz]
na primavera	yazda	[jaz'da]
primaveril (adj)	yaz	['jaz]
verão (m)	yay	['jaj]
no verão	yayda	[jaj'da]
de verão	yay	['jaj]
outono (m)	payız	[pa'jɪz]
no outono	payızda	[pajɪz'da]
outonal (adj)	payız	[pa'jɪz]
inverno (m)	qış	['gɪʃ]
no inverno	qışda	[gɪʃ'da]
de inverno	qış	['gɪʃ]
mês (m)	ay	['aj]
este mês	bu ay	['bu 'aj]
mês que vem	gələn ay	[gæ'læn 'aj]
no mês passado	keçən ay	[kɛ'tʃæn 'aj]
um mês atrás	bir ay qabaq	['bir 'aj ga'bah]
em um mês	bir aydan sonra	['bir aj'dan son'ra]
em dois meses	iki aydan sonra	[i'ki aj'dan son'ra]
todo o mês	bütün ay	[by'tyn 'aj]
um mês inteiro	bütöv ay	[by'tøv 'aj]
mensal (adj)	aylıq	[aj'lɪh]
mensalmente	ayda bir dəfə	[aj'da 'bir dæfæ]
todo mês	hər ay	['hær 'aj]
duas vezes por mês	ayda iki dəfə	[aj'da i'ki dæ'fæ]
ano (m)	il	['il]
este ano	bu il	['bu 'il]
ano que vem	gələn il	[gæ'læn 'il]
no ano passado	keçən il	[kɛ'tʃæn 'il]
há um ano	bir il əvvəl	['bir 'il æv'væl]
em um ano	bir ildən sonra	['bir il'dæn son'ra]
dentro de dois anos	iki ildən sonra	[i'ki il'dæn son'ra]
todo o ano	il uzunu	['il uzu'nu]
um ano inteiro	bütün il boyu	[by'tyn il bo'ju]
cada ano	hər il	['hær 'il]
anual (adj)	illik	[il'lik]
anualmente	hər ilki	['hær il'ki]
quatro vezes por ano	ildə dörd dəfə	[il'dæ 'dørd dæ'fæ]
data (~ de hoje)	gün	['gyn]
data (ex. ~ de nascimento)	tarix	[ta'rix]
calendário (m)	təqvim	[tæg'vim]

meio ano	yarım il	[ja'rım 'il]
seis meses	yarım illik	[ja'rım il'lik]
estação (f)	mövsüm	[møv'sym]
século (m)	əsr	['æsr]

22. Unidades de medida

peso (m)	çəki	[tʃæ'ki]
comprimento (m)	uzunluq	[uzun'lʲuh]
largura (f)	en	['ɛn]
altura (f)	hündürlük	[hyndyr'lyk]
profundidade (f)	dərinlik	[dærin'lik]
volume (m)	hecm	['hædʒʲm]
área (f)	səth	['sæth]

grama (m)	qram	['gram]
miligrama (m)	milliqram	[milli'gram]
quilograma (m)	kiloqram	[kilog'ram]
tonelada (f)	ton	['ton]
libra (453,6 gramas)	girvənkə	[girvæn'kæ]
onça (f)	unsiya	['unsija]

metro (m)	metr	['mɛtr]
milímetro (m)	millimetr	[milli'mɛtr]
centímetro (m)	santimetr	[santi'mɛtr]
quilômetro (m)	kilometr	[kilo'mɛtr]
milha (f)	mil	['mil]

polegada (f)	düym	['dyjm]
pé (304,74 mm)	fut	['fut]
jarda (914,383 mm)	yard	['jard]
metro (m) quadrado	kvadrat metr	[kvad'rat 'mɛtr]
hectare (m)	hektar	[hɛk'tar]

litro (m)	litr	['litr]
grau (m)	dərəcə	[dæræ'dʒʲæ]
volt (m)	volt	['volt]
ampère (m)	amper	[am'pɛr]
cavalo (m) de potência	at gücü	['at gy'dʒy]

quantidade (f)	miqdar	[mig'dar]
um pouco de ...	bir az ...	['bir 'az ...]
metade (f)	yarım	[ja'rım]
dúzia (f)	on iki	['on i'ki]
peça (f)	ədəd	[æ'dæd]

| tamanho (m), dimensão (f) | ölçü | [øl'tʃu] |
| escala (f) | miqyas | [mi'gjas] |

mínimo (adj)	minimal	[mini'mal]
menor, mais pequeno	ən kiçik	['æn ki'tʃik]
médio (adj)	orta	[or'ta]
máximo (adj)	maksimal	[maksi'mal]
maior, mais grande	ən böyük	['æn bø'juk]

23. Recipientes

pote (m) de vidro	şüşə banka	[ʃy'ʃæ ban'ka]
lata (~ de cerveja)	konserv bankası	[kon'sɛrv banka'sı]
balde (m)	vedrə	[vɛd'ræ]
barril (m)	çəllək	[ʧæl'læk]

bacia (~ de plástico)	ləyən	[læ'jæn]
tanque (m)	bak	['bak]
cantil (m) de bolso	mehtərə	[mɛhtæ'ræ]
galão (m) de gasolina	kanistr	[ka'nistr]
cisterna (f)	sistern	[sis'tɛrn]

caneca (f)	parç	['parʧ]
xícara (f)	fincan	[fin'dʒʲan]
pires (m)	nəlbəki	[nælbæ'ki]
copo (m)	stəkan	[stæ'kan]
taça (f) de vinho	qədəh	[gæ'dæh]
panela (f)	qazan	[ga'zan]

garrafa (f)	şüşə	[ʃy'ʃæ]
gargalo (m)	boğaz	[bo'gaz]

jarra (f)	qrafin	[gra'fin]
jarro (m)	səhənk	[sæ'hænk]
recipiente (m)	qab	['gap]
pote (m)	bardaq	[bar'dah]
vaso (m)	güldan	[gylʲ'dan]

frasco (~ de perfume)	flakon	[fla'kon]
frasquinho (m)	şüşə	[ʃy'ʃæ]
tubo (m)	tübik	['tybik]

saco (ex. ~ de açúcar)	torba	[tor'ba]
sacola (~ plastica)	paket	[pa'kɛt]
maço (de cigarros, etc.)	paçka	[paʧ'ka]

caixa (~ de sapatos, etc.)	qutu	[gu'tu]
caixote (~ de madeira)	yeşik	[ɛ'ʃik]
cesto (m)	səbət	[sæ'bæt]

O SER HUMANO

O ser humano. O corpo

24. Cabeça

cabeça (f)	baş	['baʃ]
rosto, cara (f)	üz	['yz]
nariz (m)	burun	[bu'run]
boca (f)	ağız	[a'ɣɪz]
olho (m)	göz	['gøz]
olhos (m pl)	gözlər	[gøz'lær]
pupila (f)	göz bəbəyi	[gøz bæ'bæjɪ]
sobrancelha (f)	qaş	['gaʃ]
cílio (f)	kirpik	[kir'pik]
pálpebra (f)	göz qapağı	[gøz gapa'ɣɪ]
língua (f)	dil	['dil]
dente (m)	diş	['diʃ]
lábios (m pl)	dodaq	[do'dah]
maçãs (f pl) do rosto	almacıq sümüyü	[alma'dʒɪh symy'ju]
gengiva (f)	diş əti	['diʃ æ'ti]
palato (m)	damağ	[da'maɣ]
narinas (f pl)	burun deşikləri	[bu'run dɛʃiklæ'ri]
queixo (m)	çənə	[tʃæ'næ]
mandíbula (f)	çənə	[tʃæ'næ]
bochecha (f)	yanaq	[ja'nah]
testa (f)	alın	[a'lɪn]
têmpora (f)	gicgah	[gidʒ'gah]
orelha (f)	qulaq	[gu'lah]
costas (f pl) da cabeça	peysər	[pɛj'sær]
pescoço (m)	boyun	[bo'jun]
garganta (f)	boğaz	[bo'gaz]
cabelo (m)	saç	['satʃ]
penteado (m)	saç düzümü	['satʃ dyzy'my]
corte (m) de cabelo	saç vurdurma	['satʃ vurdur'ma]
peruca (f)	parik	[pa'rik]
bigode (m)	bığ	['bɪɣ]
barba (f)	saqqal	[sak'kal]
ter (~ barba, etc.)	qoymaq	[goj'mah]
trança (f)	hörük	[hø'ryk]
suíças (f pl)	bakenbard	[bakɛn'bard]
ruivo (adj)	kürən	[ky'ræn]
grisalho (adj)	saçı ağarmış	[sa'tʃɪ aɣar'mɪʃ]

| careca (adj) | keçəl | [kɛ'tʃæl] |
| calva (f) | daz | ['daz] |

| rabo-de-cavalo (m) | quyruq | [guj'ruh] |
| franja (f) | zülf | ['zylʲf] |

25. Corpo humano

| mão (f) | əl | ['æl] |
| braço (m) | qol | ['gol] |

dedo (m)	barmaq	[bar'mah]
polegar (m)	baş barmaq	['baʃ bar'mah]
dedo (m) mindinho	çeçələ barmaq	[tʃɛtʃæ'læ bar'mah]
unha (f)	dırnaq	[dır'nah]

punho (m)	yumruq	[jum'ruh]
palma (f)	ovuc içi	[o'vudʒi i'tʃi]
pulso (m)	bilək	[bi'læk]
antebraço (m)	bazu önü	[ba'zı ø'ny]
cotovelo (m)	dirsək	[dir'sæk]
ombro (m)	çiyin	[tʃi'jın]

perna (f)	topuq	[to'puh]
pé (m)	pəncə	[pæn'dʒʲæ]
joelho (m)	diz	['diz]
panturrilha (f)	baldır	[bal'dır]
quadril (m)	omba	[om'ba]
calcanhar (m)	daban	[da'ban]

corpo (m)	bədən	[bæ'dæn]
barriga (f), ventre (m)	qarın	[ga'rın]
peito (m)	sinə	[si'næ]
seio (m)	döş	['døʃ]
lado (m)	böyür	[bø'jur]
costas (dorso)	kürək	[ky'ræk]
região (f) lombar	bel	['bɛl]
cintura (f)	bel	['bɛl]

umbigo (m)	göbək	[gø'bæk]
nádegas (f pl)	sağrı	[sa'ɣrı]
traseiro (m)	arxa	[ar'ҳa]

sinal (m), pinta (f)	xal	['ҳal]
tatuagem (f)	tatuirovka	[tatui'rovka]
cicatriz (f)	çapıq	[tʃa'pıh]

Vestuário & Acessórios

26. Roupa exterior. Casacos

roupa (f)	geyim	[gɛ'jɪm]
roupa (f) exterior	üst geyim	['just gɛ'jɪm]
roupa (f) de inverno	qış paltarı	['gɪʃ palta'rı]
sobretudo (m)	palto	[pal'to]
casaco (m) de pele	kürk	['kyrk]
jaqueta (f) de pele	yarımkürk	[jarım'kyrk]
casaco (m) acolchoado	pərğu geyim	[pær'ɣu gɛ'jɪm]
casaco (m), jaqueta (f)	gödəkcə	[gødæk'ʧæ]
impermeável (m)	plaş	['plaʃ]
a prova d'água	su buraxmayan	['su bu'raχmajan]

27. Vestuário de homem & mulher

camisa (f)	köynək	[køj'næk]
calça (f)	şalvar	[ʃal'var]
jeans (m)	cins	['ʤʲins]
paletó, terno (m)	pencək	[pɛn'ʤʲæk]
terno (m)	kişi üçün kostyum	[ki'ʃi ju'ʧun kos'tʲum]
vestido (ex. ~ de noiva)	don	['don]
saia (f)	yubka	[yb'ka]
blusa (f)	bluzka	[blʲuz'ka]
casaco (m) de malha	yun kofta	['jun kofʲta]
casaco, blazer (m)	jaket	[ʒa'kɛt]
camiseta (f)	futbolka	[futbol'ka]
short (m)	şort	['ʃort]
training (m)	idman paltarı	[id'man palta'rı]
roupão (m) de banho	hamam xələti	[ha'mam χælæ'ti]
pijama (m)	pijama	[pi'ʒama]
suéter (m)	sviter	['svitɛr]
pulôver (m)	pulover	[pulo'vɛr]
colete (m)	jilet	[ʒi'lɛt]
fraque (m)	frak	['frak]
smoking (m)	smokinq	['smokinh]
uniforme (m)	forma	['forma]
roupa (f) de trabalho	iş paltarı	['iʃ palta'rı]
macacão (m)	kombinezon	[kombinɛ'zon]
jaleco (m), bata (f)	həkim xələti	[hæ'kim χælæ'ti]

28. Vestuário. Roupa interior

roupa (f) íntima	alt paltarı	['alt palta'rı]
camiseta (f)	mayka	[maj'ka]
meias (f pl)	corab	[ʤʲo'rap]
camisola (f)	gecə köynəyi	[gɛ'ʤʲæ køjnæ'jı]
sutiã (m)	büsthalter	[byst'haltɛr]
meias longas (f pl)	golf corab	['golf ʤʲo'rap]
meias-calças (f pl)	kolqotka	[kolgot'ka]
meias (~ de nylon)	uzun corab	[u'zun ʤʲo'rap]
maiô (m)	çimmə paltarı	[ʧim'mæ palta'rı]

29. Adereços de cabeça

chapéu (m), touca (f)	papaq	[pa'pah]
chapéu (m) de feltro	şlyapa	['ʃlʲapa]
boné (m) de beisebol	beysbol papağı	[bɛjs'bol papa'ɣı]
boina (~ italiana)	kepka	[kɛp'ka]
boina (ex. ~ basca)	beret	[bɛ'rɛt]
capuz (m)	kapyuşon	[kapy'ʃon]
chapéu panamá (m)	panama	[pa'nama]
touca (f)	yun papaq	['jun pa'pah]
lenço (m)	baş örtüyü	['baʃ ørty'ju]
chapéu (m) feminino	kiçik şlyapa	[ki'ʧik 'ʃlʲapa]
capacete (m) de proteção	kaska	[kas'ka]
bibico (m)	pilot papağı	[pi'lot papa'ɣı]
capacete (m)	dəbilqə	[dæbil'gæ]
chapéu-coco (m)	kotelok	[kotɛ'lok]
cartola (f)	silindr	[si'lindr]

30. Calçado

calçado (m)	ayaqqabı	[ajakka'bı]
botinas (f pl), sapatos (m pl)	botinka	[botin'ka]
sapatos (de salto alto, etc.)	tufli	[tuf'li]
botas (f pl)	uzunboğaz çəkmə	[uzunbo'ɣaz ʧæk'mæ]
pantufas (f pl)	şap-şap	['ʃap 'ʃap]
tênis (~ Nike, etc.)	krossovka	[kros'sovka]
tênis (~ Converse)	ket	['kɛt]
sandálias (f pl)	səndəl	[sæn'dæl]
sapateiro (m)	çəkməçi	[ʧækmæ'ʧi]
salto (m)	daban	[da'ban]
par (m)	tay	['taj]
cadarço (m)	qaytan	[gaj'tan]

amarrar os cadarços	qaytanlamaq	[gajtanla'mah]
calçadeira (f)	dabançəkən	[dabantʃæ'kæn]
graxa (f) para calçado	ayaqqabı kremi	[ajakka'bı krɛ'mi]

31. Acessórios pessoais

luva (f)	əlcək	[æl'dʒⁱæk]
mitenes (f pl)	təkbarmaq əlcək	[tækbar'mah æl'dʒⁱæk]
cachecol (m)	şərf	['ʃærf]

óculos (m pl)	eynək	[ɛj'næk]
armação (f)	çərçivə	[tʃærtʃi'væ]
guarda-chuva (m)	çətir	[tʃæ'tir]
bengala (f)	əl ağacı	['æl aɣa'dʒⁱı]
escova (f) para o cabelo	şaç şotkası	['satʃ ʃotka'sı]
leque (m)	yelpik	[ɛl'pik]

gravata (f)	qalstuk	['galstuk]
gravata-borboleta (f)	kəpənək qalstuk	[kæpæ'næk 'galstuk]
suspensórios (m pl)	çiyinbağı	[tʃijınba'ɣı]
lenço (m)	cib dəsmalı	['dʒⁱip dæsma'lı]

pente (m)	daraq	[da'rah]
fivela (f) para cabelo	baş sancağı	['baʃ sandʒⁱa'ɣı]
grampo (m)	baş sancağı	['baʃ sandʒⁱa'ɣı]
fivela (f)	toqqa	[tok'ka]

| cinto (m) | kəmər | [kæ'mær] |
| alça (f) de ombro | kəmərcik | [kæmær'dʒⁱik] |

bolsa (f)	çanta	[tʃan'ta]
bolsa (feminina)	qadın cantası	[ga'dın tʃanta'sı]
mochila (f)	arxa çantası	[ar'χa tʃanta'sı]

32. Vestuário. Diversos

moda (f)	moda	['moda]
na moda (adj)	dəbdə olan	[dæb'dæ o'lan]
estilista (m)	modelçi	[modɛl'tʃi]

colarinho (m)	yaxalıq	[jaχa'lıh]
bolso (m)	cib	['dʒⁱip]
de bolso	cib	['dʒⁱip]
manga (f)	qol	['gol]
ganchinho (m)	ilmə asqı	[ilⁱ'mæ as'gı]
bragueta (f)	miyança	[mijan'tʃa]

zíper (m)	zəncir-bənd	[zɛn'dʒⁱir 'bænd]
colchete (m)	bənd	['bænd]
botão (m)	düymə	[dyj'mæ]
botoeira (casa de botão)	ilmə	[ilⁱ'mæ]
soltar-se (vr)	qopmaq	[gop'mah]

costurar (vi)	tikmək	[tik'mæk]
bordar (vt)	naxış tikmək	[na'χıʃ tik'mæk]
bordado (m)	naxış	[na'χıʃ]
agulha (f)	iynə	[ij'næ]
fio, linha (f)	sap	['sap]
costura (f)	tikiş	[ti'kiʃ]

sujar-se (vr)	çirklənmək	[ʧirklæn'mæk]
mancha (f)	ləkə	[læ'kæ]
amarrotar-se (vr)	əzilmək	[æzil'mæk]
rasgar (vt)	cırmaq	[dʒʲır'mah]
traça (f)	güvə	[gy'væ]

33. Cuidados pessoais. Cosméticos

pasta (f) de dente	diş məcunu	['diʃ mædʒy'nu]
escova (f) de dente	diş fırçası	['diʃ fırʧa'sı]
escovar os dentes	dişləri fırçalamaq	[diʃlæ'ri fırʧala'mah]

gilete (f)	ülgüc	[ylʲ'gydʒ]
creme (m) de barbear	üz qırxmaq üçün krem	['juz gırχ'mah ju'ʧun 'krɛm]
barbear-se (vr)	üzünü qırxmaq	[yzy'ny gırχ'mah]

sabonete (m)	sabun	[sa'bun]
xampu (m)	şampun	[ʃam'pun]

tesoura (f)	qayçı	[gaj'ʧı]
lixa (f) de unhas	dırnaq üçün kiçik bıçqı	[dır'nah ju'ʧun ki'ʧik bıʧ'gı]
corta-unhas (m)	dırnaq üçün kiçik kəlbətin	[dır'nah ju'ʧun ki'ʧik kælbæ'tin]
pinça (f)	maqqaş	[mak'kaʃ]

cosméticos (m pl)	kosmetika	[kos'mɛtika]
máscara (f)	maska	[mas'ka]
manicure (f)	manikür	[mani'kyr]
fazer as unhas	manikür etmək	[mani'kyr ɛt'mæk]
pedicure (f)	pedikür	[pɛdi'kyr]

bolsa (f) de maquiagem	kosmetika üçün kiçik çanta	[kos'mɛtika ju'ʧun ki'ʧik ʧan'ta]
pó (de arroz)	pudra	[pud'ra]
pó (m) compacto	pudra qabı	[pud'ra ga'bı]
blush (m)	ənlik	[æn'lik]

perfume (m)	ətir	[æ'tir]
água-de-colônia (f)	ətirli su	[ætir'li 'su]
loção (f)	losyon	[lo'sjon]
colônia (f)	odekolon	[odɛko'lon]

sombra (f) de olhos	göz ətrafına sürülən boyalar	[gøz ætrafı'na syry'læn boja'lar]
delineador (m)	göz üçün karandaş	[gøz ju'ʧun karan'daʃ]
máscara (f), rímel (m)	kirpik üçün tuş	[kir'pik ju'ʧun 'tuʃ]
batom (m)	dodaq boyası	[do'dah boja'sı]

esmalte (m)	dırnaq üçün lak	[dır'nah ju'tʃun 'lak]
laquê (m), spray fixador (m)	saç üçün lak	['satʃ ju'tʃun 'lak]
desodorante (m)	dezodorant	[dɛzodo'rant]

creme (m)	krem	['krɛm]
creme (m) de rosto	üz kremi	['juz krɛ'mi]
creme (m) de mãos	əl kremi	['æl krɛ'mi]
creme (m) antirrugas	qırışığa qarşı krem	[gırʃı'ɣa gar'ʃı 'krɛm]
creme (m) de dia	gündüz kremi	[gyn'dyz krɛ'mi]
creme (m) de noite	gecə kremi	[gɛ'dʒʲæ krɛ'mi]

absorvente (m) interno	tampon	[tam'pon]
papel (m) higiênico	tualet kağızı	[tua'lɛt kʲaɣı'zı]
secador (m) de cabelo	fen	['fɛn]

34. Relógios de pulso. Relógios

relógio (m) de pulso	qol saatı	[gol saa'tı]
mostrador (m)	siferblat	[sifɛrb'lat]
ponteiro (m)	əqrəb	[æg'ræp]
bracelete (em aço)	saat bilərziyi	[sa'at bilærzi'jı]
bracelete (em couro)	qayış	[ga'jıʃ]

pilha (f)	batareya	[bata'rɛja]
acabar (vi)	sıradan çıxmaq	[sıra'dan tʃıx'mah]
trocar a pilha	batareyanı dəyişmək	[bata'rɛjanı dæjıʃ'mæk]
estar adiantado	irəli getmək	[iræ'li gɛt'mæk]
estar atrasado	geri qalmaq	[gɛ'ri gal'mah]

relógio (m) de parede	divar saatı	[di'var saa'tı]
ampulheta (f)	qum saatı	['gum saa'tı]
relógio (m) de sol	günəş saatı	[gy'næʃ saa'tı]
despertador (m)	zəngli saat	[zæng'li sa'at]
relojoeiro (m)	saatsaz	[saa'tsaz]
reparar (vt)	təmir etmək	[tæ'mir ɛt'mæk]

Alimentação. Nutrição

35. Comida

carne (f)	ət	['æt]
galinha (f)	toyuq	[to'juh]
frango (m)	cücə	[dʒy'dʒ^jæ]
pato (m)	ördək	[ør'dæk]
ganso (m)	qaz	['gaz]
caça (f)	ov quşları və heyvanları	['ov guʃla'rı 'væ hɛjvanla'rı]
peru (m)	hind toyuğu	['hind toju'ɣu]
carne (f) de porco	donuz əti	[do'nuz æ'ti]
carne (f) de vitela	dana əti	[da'na æ'ti]
carne (f) de carneiro	qoyun əti	[go'jun æ'ti]
carne (f) de vaca	mal əti	['mal æ'ti]
carne (f) de coelho	ev dovşanı	['ɛv dovʃa'nı]
linguiça (f), salsichão (m)	kolbasa	[kolba'sa]
salsicha (f)	sosiska	[sosis'ka]
bacon (m)	bekon	['bɛkon]
presunto (m)	vetçina	[vɛtʃi'na]
pernil (m) de porco	donuz budu	[do'nuz bu'du]
patê (m)	paştet	[paʃ'tɛt]
fígado (m)	qara ciyər	[ga'ra dʒ^ji'jær]
guisado (m)	qiymə	[gij'mæ]
língua (f)	dil	['dil]
ovo (m)	yumurta	[jumur'ta]
ovos (m pl)	yumurtalar	[jumurta'lar]
clara (f) de ovo	zülal	[zy'lal]
gema (f) de ovo	yumurtanın sarısı	[jumurta'nın sarı'sı]
peixe (m)	balıq	[ba'lıh]
mariscos (m pl)	dəniz məhsulları	[dæ'niz mæhsulla'rı]
caviar (m)	kürü	[ky'ry]
caranguejo (m)	qısaquyruq	[gısaguj'ruh]
camarão (m)	krevet	[krɛ'vɛt]
ostra (f)	istridyə	[istri'd^jæ]
lagosta (f)	lanqust	[lan'gust]
polvo (m)	səkkizayaqlı ilbiz	[sækkizajag'lı il'biz]
lula (f)	kalmar	[kal'mar]
esturjão (m)	nərə balığı	[næ'ræ balı'ɣı]
salmão (m)	qızılbalıq	[gızılba'lıh]
halibute (m)	paltus	['paltus]
bacalhau (m)	treska	[trɛs'ka]
cavala, sarda (f)	skumbriya	['skumbrija]

atum (m)	**tunes**	[tu'nɛs]
enguia (f)	**angvil balığı**	[ang'vil balı'ɣı]
truta (f)	**alabalıq**	[alaba'lıh]
sardinha (f)	**sardina**	[sar'dina]
lúcio (m)	**durnabalığı**	[durnabalı'ɣı]
arenque (m)	**siyənək**	[sijæ'næk]
pão (m)	**çörək**	[ʧœ'ræk]
queijo (m)	**pendir**	[pɛn'dir]
açúcar (m)	**şəkər**	[ʃæ'kær]
sal (m)	**duz**	['duz]
arroz (m)	**düyü**	[dy'ju]
massas (f pl)	**makaron**	[maka'ron]
talharim, miojo (m)	**əriştə**	[æriʃ'tæ]
manteiga (f)	**kərə yağı**	[kæ'ræ jaɣı]
óleo (m) vegetal	**bitki yağı**	[bit'ki ja'ɣı]
óleo (m) de girassol	**günəbaxan yağ**	[gynæba'χan jaɣ]
margarina (f)	**marqarin**	[marga'rin]
azeitonas (f pl)	**zeytun**	[zɛj'tun]
azeite (m)	**zeytun yağı**	[zɛj'tun ja'ɣı]
leite (m)	**süd**	['syd]
leite (m) condensado	**qatılaşdırılmış süd**	[gatılaʃdırıl'mıʃ 'syd]
iogurte (m)	**yoqurt**	['jogurt]
creme (m) azedo	**xama**	[χa'ma]
creme (m) de leite	**xama**	[χa'ma]
maionese (f)	**mayonez**	[majo'nɛz]
creme (m)	**krem**	['krɛm]
grãos (m pl) de cereais	**yarma**	[jar'ma]
farinha (f)	**un**	['un]
enlatados (m pl)	**konserv**	[kon'sɛrv]
flocos (m pl) de milho	**qarğıdalı yumağı**	[garɣıda'lı juma'ɣı]
mel (m)	**bal**	['bal]
geleia (m)	**cem**	['ʤʲɛm]
chiclete (m)	**saqqız**	[sak'kız]

36. Bebidas

água (f)	**su**	['su]
água (f) potável	**içməli su**	[iʧmæ'li 'su]
água (f) mineral	**mineral su**	[minɛ'ral 'su]
sem gás (adj)	**qazsız**	[gaz'sız]
gaseificada (adj)	**qazlı**	[gaz'lı]
com gás	**qazlı**	[gaz'lı]
gelo (m)	**buz**	['buz]
com gelo	**buzlu**	[buz'lʲu]

não alcoólico (adj)	spirtsiz	[spir'tsiz]
refrigerante (m)	spirtsiz içki	[spir'tsiz itʃ'ki]
refresco (m)	sərinləşdirici içki	[særinlæʃdiri'dʒ'i itʃ'ki]
limonada (f)	limonad	[limo'nad]

bebidas (f pl) alcoólicas	spirtli içkilər	[spirt'li itʃki'lær]
vinho (m)	çaxır	[tʃa'χɪr]
vinho (m) branco	ağ çaxır	['aɣ tʃa'χɪr]
vinho (m) tinto	qırmızı çaxır	[gɪrmɪ'zɪ tʃa'χɪr]

licor (m)	likyor	[li'k'or]
champanhe (m)	şampan	[ʃam'pan]
vermute (m)	vermut	['vɛrmut]

uísque (m)	viski	['viski]
vodca (f)	araq	[a'rah]
gim (m)	cin	['dʒ'in]
conhaque (m)	konyak	[ko'njak]
rum (m)	rom	['rom]

café (m)	qəhvə	[gæh'væ]
café (m) preto	qara qəhvə	[ga'ra gæh'væ]
café (m) com leite	südlü qəhvə	[syd'ly gæh'væ]
cappuccino (m)	xamalı qəhvə	[χama'lɪ gæh'væ]
café (m) solúvel	tez həll olunan qəhvə	['tɛz 'hæll ol'u'nan gæh'væ]

leite (m)	süd	['syd]
coquetel (m)	kokteyl	[kok'tɛjl]
batida (f), milkshake (m)	südlü kokteyl	[syd'ly kok'tɛjl]

suco (m)	şirə	[ʃi'ræ]
suco (m) de tomate	tomat şirəsi	[to'mat ʃiræ'si]
suco (m) de laranja	portağal şirəsi	[porta'ɣal ʃiræ'si]
suco (m) fresco	təzə sıxılmış şirə	[tæ'zæ sɪχɪl'mɪʃ ʃi'ræ]

cerveja (f)	pivə	[pi'væ]
cerveja (f) clara	açıq rəngli pivə	[a'tʃɪh ræng'li pi'væ]
cerveja (f) preta	tünd rəngli pivə	['tynd ræng'li pi'væ]

chá (m)	çay	['tʃaj]
chá (m) preto	qara çay	[ga'ra 'tʃaj]
chá (m) verde	yaşıl çay	[ja'ʃɪl 'tʃaj]

37. Vegetais

vegetais (m pl)	tərəvəz	[tæræ'væz]
verdura (f)	göyərti	[gøjær'ti]

tomate (m)	pomidor	[pomi'dor]
pepino (m)	xiyar	[χi'jar]
cenoura (f)	kök	['køk]
batata (f)	kartof	[kar'tof]
cebola (f)	soğan	[so'ɣan]
alho (m)	sarımsaq	[sarım'sah]

couve (f)	kələm	[kæ'læm]
couve-flor (f)	gül kələm	['gylʲ kæ'læm]
couve-de-bruxelas (f)	Brüssel kələmi	['bryssɛl kælæ'mi]
brócolis (m pl)	brokkoli kələmi	['brokkoli kælæ'mi]

beterraba (f)	çuğundur	[tʃuɣun'dur]
berinjela (f)	badımcan	[badım'dʒʲan]
abobrinha (f)	yunan qabağı	[ju'nan gaba'ɣı]
abóbora (f)	balqabaq	[balga'bah]
nabo (m)	şalğam	[ʃal'ɣam]

salsa (f)	petruşka	[pɛtruʃ'ka]
endro, aneto (m)	şüyüt	[ʃy'jut]
alface (f)	salat	[sa'lat]
aipo (m)	kərəviz	[kæræ'viz]
aspargo (m)	qulançar	[gulan'tʃar]
espinafre (m)	ispanaq	[ispa'nah]

ervilha (f)	noxud	[no'χud]
feijão (~ soja, etc.)	paxla	[paχ'la]
milho (m)	qarğıdalı	[garɣıda'lı]
feijão (m) roxo	lobya	[lo'bja]

pimentão (m)	bibər	[bi'bær]
rabanete (m)	turp	['turp]
alcachofra (f)	enginar	[æŋgi'nar]

38. Frutos. Nozes

fruta (f)	meyvə	[mɛj'væ]
maçã (f)	alma	[al'ma]
pera (f)	armud	[ar'mud]
limão (m)	limon	[li'mon]
laranja (f)	portağal	[porta'ɣal]
morango (m)	bağ çiyələyi	['baɣ tʃijælæ'jı]

tangerina (f)	mandarin	[manda'rin]
ameixa (f)	gavalı	[gava'lı]
pêssego (m)	şaftalı	[ʃafta'lı]
damasco (m)	ərik	[æ'rik]
framboesa (f)	moruq	[mo'ruh]
abacaxi (m)	ananas	[ana'nas]

banana (f)	banan	[ba'nan]
melancia (f)	qarpız	[gar'pız]
uva (f)	üzüm	[y'zym]
ginja (f)	albalı	[alba'lı]
cereja (f)	gilas	[gi'las]
melão (m)	yemiş	[ɛ'miʃ]

toranja (f)	qreypfrut	['grɛjpfrut]
abacate (m)	avokado	[avo'kado]
mamão (m)	papaya	[pa'paja]
manga (f)	manqo	['mango]

romã (f)	nar	['nar]
groselha (f) vermelha	qırmızı qarağat	[gırmı'zı gara'ɣat]
groselha (f) negra	qara qarağat	[ga'ra gara'ɣat]
groselha (f) espinhosa	krıjovnik	[krı'ʒovnik]
mirtilo (m)	qaragilə	[garagi'læ]
amora (f) silvestre	böyürtkən	[bøyrt'kæn]

passa (f)	kişmiş	[kiʃ'miʃ]
figo (m)	əncir	[æn'dʒir]
tâmara (f)	xurma	[ʧur'ma]

amendoim (m)	araxis	[a'raʧis]
amêndoa (f)	badam	[ba'dam]
noz (f)	qoz	['goz]
avelã (f)	fındıq	[fın'dıh]
coco (m)	kokos	[ko'kos]
pistaches (m pl)	püstə	[pys'tæ]

39. Pão. Bolaria

pastelaria (f)	qənnadı məmulatı	[gænna'dı mæmula'tı]
pão (m)	çörək	[ʧœ'ræk]
biscoito (m), bolacha (f)	peçenye	[pɛ'ʧɛnjɛ]

chocolate (m)	şokolad	[ʃoko'lad]
de chocolate	şokolad	[ʃoko'lad]
bala (f)	konfet	[kon'fɛt]
doce (bolo pequeno)	pirojna	[piroʒ'na]
bolo (m) de aniversário	tort	['tort]

| torta (f) | piroq | [pi'roh] |
| recheio (m) | iç | ['iʧ] |

geleia (m)	mürəbbə	[myræb'bæ]
marmelada (f)	marmelad	[marmɛ'lad]
wafers (m pl)	vafli	[vaf'li]
sorvete (m)	dondurma	[dondur'ma]

40. Pratos cozinhados

prato (m)	yemək	[ɛ'mæk]
cozinha (~ portuguesa)	mətbəx	[mæt'bæʧ]
receita (f)	resept	[rɛ'sɛpt]
porção (f)	porsiya	['porsija]

| salada (f) | salat | [sa'lat] |
| sopa (f) | şorba | [ʃor'ba] |

caldo (m)	ətin suyu	[æ'tin su'ju]
sanduíche (m)	buterbrod	[butɛr'brod]
ovos (m pl) fritos	qayqanaq	[gajga'nah]
hambúrguer (m)	hamburqer	['hamburgɛr]

bife (m)	bifşteks	[bifʃ'tɛks]
acompanhamento (m)	qarnir	[gar'nir]
espaguete (m)	spaqetti	[spa'gɛtti]
purê (m) de batata	kartof püresi	[kar'tof pyrɛ'si]
pizza (f)	pitsa	['pitsa]
mingau (m)	sıyıq	[sɪ'jıh]
omelete (f)	omlet	[om'lɛt]

fervido (adj)	bişmiş	[biʃ'miʃ]
defumado (adj)	hisə verilmiş	[hi'sæ vɛril'miʃ]
frito (adj)	qızardılmış	[gɪzardıl'mıʃ]
seco (adj)	quru	[gu'ru]
congelado (adj)	dondurulmuş	[dondurul'muʃ]
em conserva (adj)	duza qoyulmuş	[du'za gojul'muʃ]

doce (adj)	şirin	[ʃi'rin]
salgado (adj)	duzlu	[duz'lʲu]
frio (adj)	soyuq	[so'juh]
quente (adj)	isti	[is'ti]
amargo (adj)	acı	[a'dʒʲı]
gostoso (adj)	dadlı	[dad'lı]

cozinhar em água fervente	bişirmək	[biʃir'mæk]
preparar (vt)	hazırlamaq	[hazırla'mah]
fritar (vt)	qızartmaq	[gızart'mah]
aquecer (vt)	qızdırmaq	[gızdır'mah]

salgar (vt)	duz vurmaq	['duz vur'mah]
apimentar (vt)	istiot vurmaq	[isti'ot vur'mah]
ralar (vt)	sürtkəcdə xırdalamaq	[syrtkædʒ'dæ χırdala'mah]
casca (f)	qabıq	[ga'bıh]
descascar (vt)	qabığını soymaq	[gabıɣı'nı soj'mah]

41. Especiarias

sal (m)	duz	['duz]
salgado (adj)	duzlu	[duz'lʲu]
salgar (vt)	duz vurmaq	['duz vur'mah]

pimenta-do-reino (f)	qara istiot	[ga'ra isti'ot]
pimenta (f) vermelha	qırmızı istiot	[gırmı'zı isti'ot]
mostarda (f)	xardal	[χar'dal]
raiz-forte (f)	qıtığotu	[gıtıɣo'tu]

condimento (m)	yeməyə dad verən əlavə	[ɛmæ'jæ 'dad vɛ'ræn æla'væ]
especiaria (f)	ədviyyat	[ædvi'at]
molho (~ inglês)	sous	['sous]
vinagre (m)	sirkə	[sir'kæ]

anis estrelado (m)	cirə	[dʒʲi'ræ]
manjericão (m)	reyhan	[rɛj'han]
cravo (m)	mixək	[mi'χæk]
gengibre (m)	zəncəfil	[zændʒʲæ'fil]
coentro (m)	keşniş	[kɛʃ'niʃ]

canela (f)	darçın	[dar'tʃɪn]
gergelim (m)	küncüt	[kyn'dʒyt]
folha (f) de louro	dəfnə yarpağı	[dæf'næ jarpa'ɣɪ]
páprica (f)	paprika	['paprika]
cominho (m)	zirə	[zi'ræ]
açafrão (m)	zəfəran	[zæfæ'ran]

42. Refeições

| comida (f) | yemək | [ɛ'mæk] |
| comer (vt) | yemək | [ɛ'mæk] |

café (m) da manhã	səhər yeməyi	[sæ'hær ɛmɛ'jɪ]
tomar café da manhã	səhər yeməyi yemək	[sæ'hær ɛmæ'jɪ ɛ'mæk]
almoço (m)	nahar	[na'har]
almoçar (vi)	nahar etmək	[na'har ɛt'mæk]
jantar (m)	axşam yeməyi	[aχ'ʃam ɛmɛ'jɪ]
jantar (vi)	axşam yeməyi yemək	[aχ'ʃam ɛmæ'jɪ ɛ'mæk]

| apetite (m) | iştaha | [iʃta'ha] |
| Bom apetite! | Nuş olsun! | ['nuʃ ol'sun] |

abrir (~ uma lata, etc.)	açmaq	[atʃ'mah]
derramar (~ líquido)	tökmək	[tøk'mæk]
derramar-se (vr)	tökülmək	[tøkyl'mæk]
ferver (vi)	qaynamaq	[gajna'mah]
ferver (vt)	qaynatmaq	[gajnat'mah]
fervido (adj)	qatnamış	[gajna'mɪʃ]
esfriar (vt)	soyutmaq	[sojut'mah]
esfriar-se (vr)	soyumaq	[soju'mah]

| sabor, gosto (m) | dad | ['dad] |
| fim (m) de boca | dad | ['dad] |

emagrecer (vi)	pəhriz saxlamaq	[pæh'riz saχla'mah]
dieta (f)	pəhriz	[pæh'riz]
vitamina (f)	vitamin	[vita'min]
caloria (f)	kaloriya	[ka'lorija]
vegetariano (m)	ət yeməyən adam	['æt 'ɛmæjæn a'dam]
vegetariano (adj)	ətsiz xörək	[æ'tsiz χø'ræk]

gorduras (f pl)	yağlar	[ja'ɣlar]
proteínas (f pl)	zülallar	[zylal'lar]
carboidratos (m pl)	karbohidratlar	[karbohidrat'lar]
fatia (~ de limão, etc.)	dilim	[di'lim]
pedaço (~ de bolo)	tikə	[ti'kæ]
migalha (f), farelo (m)	qırıntı	[gɪrɪn'tɪ]

43. Por a mesa

| colher (f) | qaşıq | [ga'ʃɪh] |
| faca (f) | bıçaq | [bɪ'tʃah] |

garfo (m)	çəngəl	[ʧæ'ngæl]
xícara (f)	fincan	[fin'dʒʲan]
prato (m)	boşqab	[boʃ'gap]
pires (m)	nəlbəki	[nælbæ'ki]
guardanapo (m)	salfetka	[salfɛt'ka]
palito (m)	dişqurdalayan	[diʃgurdala'jan]

44. Restaurante

restaurante (m)	restoran	[rɛsto'ran]
cafeteria (f)	qəhvexana	[gæhvæχa'na]
bar (m), cervejaria (f)	bar	['bar]
salão (m) de chá	çay salonu	['ʧaj salo'nu]

garçom (m)	ofisiant	[ofisi'ant]
garçonete (f)	ofisiant qız	[ofisi'ant 'gız]
barman (m)	barmen	['barmɛn]

cardápio (m)	menyu	[mɛ'nju]
lista (f) de vinhos	çaxırlar kartı	[ʧaχır'lar kar'tı]
reservar uma mesa	masa sifarişi etmək	[ma'sa sifa'riʃ ɛt'mæk]

prato (m)	yemək	[ɛ'mæk]
pedir (vt)	yemək sifarişi etmək	[ɛ'mæk sifa'riʃ æt'mæk]
fazer o pedido	sifariş etmək	[sifa'riʃ ɛt'mæk]

aperitivo (m)	aperitiv	[apɛri'tiv]
entrada (f)	qəlyanaltı	[gæ'ljanaltı]
sobremesa (f)	desert	[dɛ'sɛrt]

conta (f)	hesab	[hɛ'sap]
pagar a conta	hesabı ödəmək	[hɛsa'bı ødæ'mæk]
dar o troco	pulun artığını qaytarmaq	[pu'lʲun artıyı'nı gajtar'mah]
gorjeta (f)	çaypulu	[ʧajpu'lʲu]

Família, parentes e amigos

45. Informação pessoal. Formulários

nome (m)	ad	['ad]
sobrenome (m)	soyadı	['sojadı]
data (f) de nascimento	anadan olduğu tarix	[ana'dan oldu'ɣu ta'riχ]
local (m) de nascimento	anadan olduğu yer	[ana'dan oldu'ɣu 'ɛr]
nacionalidade (f)	milliyəti	[millijæ'ti]
lugar (m) de residência	yaşayış yeri	[jaʃa'jıʃ jɛ'ri]
país (m)	ölkə	[øl'kæ]
profissão (f)	peşəsi	[pɛʃæ'si]
sexo (m)	cinsi	[dʒⁱin'si]
estatura (f)	boyu	[bo'ju]
peso (m)	çəki	[ʧæ'ki]

46. Membros da família. Parentes

mãe (f)	ana	[a'na]
pai (m)	ata	[a'ta]
filho (m)	oğul	[o'ɣul]
filha (f)	qız	['gız]
caçula (f)	kiçik qız	[ki'ʧik 'gız]
caçula (m)	kiçik oğul	[kiʧik o'ɣul]
filha (f) mais velha	böyük qız	[bø'juk 'gız]
filho (m) mais velho	böyük oğul	[bøyk o'ɣul]
irmão (m)	qardaş	[gar'daʃ]
irmã (f)	bacı	[ba'dʒⁱı]
primo (m)	xalaoğlu	[χalao'ɣlʲu]
prima (f)	xalaqızı	[χalagı'zı]
mamãe (f)	ana	[a'na]
papai (m)	ata	[a'ta]
pais (pl)	valideynlər	[validɛjn'lær]
criança (f)	uşaq	[u'ʃah]
crianças (f pl)	uşaqlar	[uʃag'lar]
avó (f)	nənə	[næ'næ]
avô (m)	baba	[ba'ba]
neto (m)	nəvə	[næ'væ]
neta (f)	nəvə	[næ'væ]
netos (pl)	nəvələr	[nævæ'lær]
tio (m)	dayı	[da'jı]
tia (f)	xala	[χa'la]

| sobrinho (m) | bacıoğlu | [badʒⁱıo'ɣlʲu] |
| sobrinha (f) | bacıqızı | [badʒⁱıgı'zı] |

sogra (f)	qayınana	[gajına'na]
sogro (m)	qayınata	[gajna'ta]
genro (m)	yeznə	[ɛz'næ]
madrasta (f)	analıq	[ana'lıh]
padrasto (m)	atalıq	[ata'lıh]

criança (f) de colo	südəmər uşaq	[sydæ'mær u'ʃah]
bebê (m)	çağa	[ʧa'ɣa]
menino (m)	körpə	[kør'pæ]

mulher (f)	arvad	[ar'vad]
marido (m)	ər	['ær]
esposo (m)	həyat yoldaşı	[hæ'jat jolda'ʃı]
esposa (f)	həyat yoldaşı	[hæ'jat jolda'ʃı]

casado (adj)	evli	[ɛv'li]
casada (adj)	ərli qadın	[ær'li ga'dın]
solteiro (adj)	subay	[su'baj]
solteirão (m)	subay	[su'baj]
divorciado (adj)	boşanmış	[boʃan'mıʃ]
viúva (f)	dul qadın	['dul ga'dın]
viúvo (m)	dul kişi	['dul ki'ʃi]

parente (m)	qohum	[go'hum]
parente (m) próximo	yaxın qohum	[ja'χın go'hum]
parente (m) distante	uzaq qohum	[u'zah go'hum]
parentes (m pl)	qohumlar	[gohum'lar]

órfão (m), órfã (f)	yetim	[ɛ'tim]
tutor (m)	himayəçi	[himajæ'ʧi]
adotar (um filho)	oğulluğa götürmək	[oɣullʲu'ɣa gøtyr'mæk]
adotar (uma filha)	qızlığa götürmək	[gızlı'ɣa gøtyr'mæk]

Medicina

47. Doenças

doença (f)	xəstəlik	[χæstæ'lik]
estar doente	xəstə olmaq	[χæs'tæ ol'mah]
saúde (f)	sağlamlıq	[saɣlam'lıh]
nariz (m) escorrendo	zökəm	[zø'kæm]
amigdalite (f)	angina	[a'ngina]
resfriado (m)	soyuqdəymə	[sojugdæj'mæ]
ficar resfriado	özünü soyuğa vermək	[øzy'ny soju'ɣa vɛr'mæk]
bronquite (f)	bronxit	[bron'χit]
pneumonia (f)	sətəlcəm	[sætæl'dʒʲæm]
gripe (f)	qrip	['grip]
míope (adj)	uzağı görməyən	[uza'ɣı 'gørmæjæn]
presbita (adj)	uzağı yaxşı görən	[uza'ɣı jaχ'ʃı gø'ræn]
estrabismo (m)	çəpgözlük	[ʧæpgøz'lyk]
estrábico, vesgo (adj)	çəpgöz	[ʧæp'gøz]
catarata (f)	katarakta	[kata'rakta]
glaucoma (m)	qlaukoma	[glau'koma]
AVC (m), apoplexia (f)	insult	[in'sulʲt]
ataque (m) cardíaco	infarkt	[in'farkt]
enfarte (m) do miocárdio	miokard infarktı	[mio'kard infark'tı]
paralisia (f)	iflic	[if'lidʒʲ]
paralisar (vt)	iflic olmaq	[if'lidʒʲ ol'mah]
alergia (f)	allergiya	[allɛr'gija]
asma (f)	astma	['astma]
diabetes (f)	diabet	[dia'bɛt]
dor (f) de dente	diş ağrısı	['diʃ aɣrı'sı]
cárie (f)	kariyes	['kariɛs]
diarreia (f)	diareya	[dia'rɛja]
prisão (f) de ventre	qəbizlik	[gæbiz'lik]
desarranjo (m) intestinal	mədə pozuntusu	[mæ'dæ pozuntu'su]
intoxicação (f) alimentar	zəhərlənmə	[zæhærlæn'mæ]
intoxicar-se	qidadan zəhərlənmək	[gida'dan zæhærlæn'mæk]
artrite (f)	artrit	[art'rit]
raquitismo (m)	raxit	[ra'χit]
reumatismo (m)	revmatizm	[rɛvma'tizm]
arteriosclerose (f)	ateroskleroz	[atɛrosklɛ'roz]
gastrite (f)	qastrit	[gast'rit]
apendicite (f)	appendisit	[appɛndi'sit]

colecistite (f)	xolesistit	[χolɛsis'tit]
úlcera (f)	xora	[χo'ra]
sarampo (m)	qızılca	[gızıl'ʤʲa]
rubéola (f)	məxmərək	[mæχmæ'ræk]
icterícia (f)	sarılıq	[sarı'lıh]
hepatite (f)	hepatit	[hɛpa'tit]
esquizofrenia (f)	şizofreniya	[ʃizofrɛ'nija]
raiva (f)	quduzluq	[guduz'lʲuh]
neurose (f)	nevroz	[nɛv'roz]
contusão (f) cerebral	beyin sarsıntısı	[bɛ'jın sarsıntı'sı]
câncer (m)	rak	['rak]
esclerose (f)	skleroz	[sklɛ'roz]
esclerose (f) múltipla	dağınıq skleroz	[daγı'nıh sklɛ'roz]
alcoolismo (m)	əyyaşlıq	[æjaʃ'lıh]
alcoólico (m)	əyyaş	[æ'jaʃ]
sífilis (f)	sifilis	['sifilis]
AIDS (f)	QİÇS	['gitʃs]
tumor (m)	şiş	['ʃiʃ]
maligno (adj)	bədxassəli	['bædχas'sæli]
benigno (adj)	xoşxassəli	[χoʃχas'sæli]
febre (f)	qızdırma	[gızdır'ma]
malária (f)	malyariya	[malʲa'rija]
gangrena (f)	qanqrena	[gang'rɛna]
enjoo (m)	dəniz xəstəliyi	[dæ'niz χæstæli'jı]
epilepsia (f)	epilepsiya	[ɛpi'lɛpsija]
epidemia (f)	epidemiya	[ɛpi'dɛmija]
tifo (m)	yatalaq	[jata'lah]
tuberculose (f)	vərəm	[væ'ræm]
cólera (f)	vəba	[væ'ba]
peste (f) bubônica	taun	[ta'un]

48. Sintomas. Tratamentos. Parte 1

sintoma (m)	əlamət	[æla'mæt]
temperatura (f)	qızdırma	[gızdır'ma]
febre (f)	yüksək qızdırma	[jyk'sæk gızdır'ma]
pulso (m)	nəbz	['næbz]
vertigem (f)	başgicəllənməsi	[baʃgidʒʲællænmæ'si]
quente (testa, etc.)	isti	[is'ti]
calafrio (m)	titrəmə	[titræ'mæ]
pálido (adj)	rəngi ağarmış	[ræ'ngi aγar'mıʃ]
tosse (f)	öskürək	[øsky'ræk]
tossir (vi)	öskürmək	[øskyr'mæk]
espirrar (vi)	asqırmaq	[asgır'mah]
desmaio (m)	bihuşluq	[bihuʃ'lʲuh]

desmaiar (vi)	huşunu itirmək	['huʃunu itir'mæk]
mancha (f) preta	qançır	[gan'tʃır]
galo (m)	şiş	['ʃiʃ]
machucar-se (vr)	dəymək	[dæj'mæk]
contusão (f)	zədələmə	[zædælæ'mæ]
machucar-se (vr)	zədələnmək	[zædælæn'mæk]
mancar (vi)	axsamaq	[aχsa'mah]
deslocamento (f)	burxulma	[burχul'ma]
deslocar (vt)	burxutmaq	[burχut'mah]
fratura (f)	sınıq	[sı'nıh]
fraturar (vt)	sındırmaq	[sındır'mah]
corte (m)	kəsik	[kæ'sik]
cortar-se (vr)	kəsmək	[kæs'mæk]
hemorragia (f)	qanaxma	[ganaχ'ma]
queimadura (f)	yanıq	[ja'nıh]
queimar-se (vr)	yanmaq	[jan'mah]
picar (vt)	batırmaq	[batır'mah]
picar-se (vr)	batırmaq	[batır'mah]
lesionar (vt)	zədələmək	[zædælæ'mæk]
lesão (m)	zədə	[zæ'dæ]
ferida (f), ferimento (m)	yara	[ja'ra]
trauma (m)	travma	['travma]
delirar (vi)	sayıqlamaq	[sajıgla'mah]
gaguejar (vi)	kəkələmək	[kækælæ'mæk]
insolação (f)	gün vurması	['gyn vurma'sı]

49. Sintomas. Tratamentos. Parte 2

dor (f)	ağrı	[a'ɣrı]
farpa (no dedo, etc.)	tikan	[ti'kɑn]
suor (m)	tər	['tær]
suar (vi)	tərləmək	[tærlæ'mæk]
vômito (m)	qusma	[gus'ma]
convulsões (f pl)	qıc	['gıdʒ^j]
grávida (adj)	hamilə	[hami'læ]
nascer (vi)	anadan olmaq	[ana'dan ol'mah]
parto (m)	doğuş	[do'ɣuʃ]
dar à luz	doğmaq	[do'ɣmah]
aborto (m)	uşaq saldırma	[u'ʃah saldır'ma]
respiração (f)	tənəffüs	[tænæf'fys]
inspiração (f)	nəfəs alma	[næ'fæs al'ma]
expiração (f)	nəfəs vermə	[næ'fæs vɛr'mæ]
expirar (vi)	nəfəs vermək	[næ'fæs vɛr'mæk]
inspirar (vi)	nəfəs almaq	[næ'fæs al'mah]
inválido (m)	əlil	[æ'lil]
aleijado (m)	şikəst	[ʃi'kæst]

drogado (m)	narkoman	[narko'man]
surdo (adj)	kar	['kar]
mudo (adj)	lal	['lal]
surdo-mudo (adj)	lal-kar	['lal 'kar]

louco, insano (adj)	dəli	[dæ'li]
louco (m)	dəli	[dæ'li]
louca (f)	dəli	[dæ'li]
ficar louco	dəli olmaq	[dæ'li ol'mah]

gene (m)	gen	['gɛn]
imunidade (f)	immunitet	[immuni'tɛt]
hereditário (adj)	irsi	[ir'si]
congênito (adj)	anadangəlmə	[anadangæl'mæ]

vírus (m)	virus	['virus]
micróbio (m)	mikrob	[mik'rop]
bactéria (f)	bakteriya	[bak'tɛrija]
infecção (f)	infeksiya	[in'fɛksija]

50. Sintomas. Tratamentos. Parte 3

| hospital (m) | xəstəxana | [xæstæҳa'na] |
| paciente (m) | pasiyent | [pasi'ɛnt] |

diagnóstico (m)	diaqnoz	[di'agnoz]
cura (f)	müalicə	[myali'ʤ'æ]
curar-se (vr)	müalicə olunmaq	[myali'ʤ'æ olʲun'mah]
tratar (vt)	müalicə etmək	[myali'ʤ'æ ɛt'mæk]
cuidar (pessoa)	xəstəyə qulluq etmək	[xæstæ'jæ gul'lʲuh ɛt'mæk]
cuidado (m)	xəstəyə qulluq	[xæstæ'jæ gul'lʲuh]

operação (f)	əməliyyat	[æmæli'at]
enfaixar (vt)	sarğı bağlamaq	[sar'ɣɪ baɣla'mah]
enfaixamento (m)	sarğı	[sar'ɣɪ]

vacinação (f)	peyvənd	[pɛj'vænd]
vacinar (vt)	peyvənd etmək	[pɛj'vænd æt'mæk]
injeção (f)	iynə	[ij'næ]
dar uma injeção	iynə vurmaq	[ij'næ vur'mah]

amputação (f)	amputasiya	[ampu'tasija]
amputar (vt)	amputasiya etmək	[ampu'tasija ɛt'mæk]
coma (f)	koma	['koma]
estar em coma	komaya düşmək	['komaja dyʃ'mæk]
reanimação (f)	reanimasiya	[rɛani'masija]

recuperar-se (vr)	sağalmaq	[saɣal'mah]
estado (~ de saúde)	vəziyyət	[væzi'æt]
consciência (perder a ~)	huş	['huʃ]
memória (f)	yaddaş	[jad'daʃ]

| tirar (vt) | çəkdirmək | [ʧækdir'mæk] |
| obturação (f) | plomb | ['plomp] |

obturar (vt)	plomblamaq	[plombla'mah]
hipnose (f)	hipnoz	[hip'noz]
hipnotizar (vt)	hipnoz etmək	[hip'noz ɛt'mæk]

51. Médicos

médico (m)	həkim	[hæ'kim]
enfermeira (f)	tibb bacısı	['tibp badʒı'sı]
médico (m) pessoal	şəxsi həkim	[ʃæχ'si hæ'kim]

dentista (m)	diş həkimi	['diʃ hæki'mi]
oculista (m)	göz həkimi	[gøz hæki'mi]
terapeuta (m)	terapevt	[tɛra'pɛvt]
cirurgião (m)	cərrah	[dʒ'ær'rah]

psiquiatra (m)	psixiatr	[psiχi'atr]
pediatra (m)	pediatr	[pɛdi'atr]
psicólogo (m)	psixoloq	[psi'χoloh]
ginecologista (m)	ginekoloq	[ginɛ'koloh]
cardiologista (m)	kardioloq	[kardi'oloh]

52. Medicina. Drogas. Acessórios

medicamento (m)	dərman	[dær'man]
remédio (m)	dava	[da'va]
receitar (vt)	yazmaq	[jaz'mah]
receita (f)	resept	[rɛ'sɛpt]

comprimido (m)	həb	['hæp]
unguento (m)	məlhəm	[mæl'hæm]
ampola (f)	ampula	['ampula]
solução, preparado (m)	mikstura	[miks'tura]
xarope (m)	sirop	[si'rop]
cápsula (f)	həb	['hæp]
pó (m)	toz dərman	['toz dær'man]

atadura (f)	bint	['bint]
algodão (m)	pambıq	[pam'bıh]
iodo (m)	yod	['jod]
curativo (m) adesivo	yapışan məlhəm	[japı'ʃan mæl'hæm]
conta-gotas (m)	damcıtökən	[damdʒ'ıtø'kæn]
termômetro (m)	termometr	[tɛr'momɛtr]
seringa (f)	şpris	['ʃpris]

| cadeira (f) de rodas | əlil arabası | [æ'lil araba'sı] |
| muletas (f pl) | qoltuqağacı | [goltugaɣa'dʒı] |

analgésico (m)	ağrıkəsici	[aɣrıkæsi'dʒi]
laxante (m)	işlətmə dərmanı	[iʃlæt'mæ dærma'nı]
álcool (m)	spirt	['spirt]
ervas (f pl) medicinais	bitki	[bit'ki]
de ervas (chá ~)	bitki	[bit'ki]

HABITAT HUMANO

Cidade

53. Cidade. Vida na cidade

cidade (f)	şəhər	[ʃæ'hær]
capital (f)	paytaxt	[paj'taχt]
aldeia (f)	kənd	['kænd]
mapa (m) da cidade	şəhərin planı	[ʃæhæ'rin pla'nı]
centro (m) da cidade	şəhərin mərkəzi	[ʃæhæ'rin mærkæ'zi]
subúrbio (m)	şəhərətrafı qəsəbə	[ʃæhærætra'fı gæsæ'bæ]
suburbano (adj)	şəhərətrafı	[ʃæhærætra'fı]
periferia (f)	kənar	[kæ'nar]
arredores (m pl)	ətraf yerlər	[æt'raf ɛr'lɛr]
quarteirão (m)	məhəllə	[mæhæl'læ]
quarteirão (m) residencial	yaşayış məhəlləsi	[jaʃa'jıʃ mæhæellæ'si]
tráfego (m)	hərəkət	[hæræ'kæt]
semáforo (m)	svetofor	[svɛto'for]
transporte (m) público	şəhər nəqliyyatı	[ʃæ'hær næglia'tı]
cruzamento (m)	dörd yol ağzı	[dørd 'jol a'ɣzı]
faixa (f)	keçid	[kɛ'tʃid]
túnel (m) subterrâneo	yeraltı keçid	[ɛral'tı kɛ'tʃid]
cruzar, atravessar (vt)	keçmək	[kɛtʃ'mæk]
pedestre (m)	piyada gedən	[pija'da gɛ'dæn]
calçada (f)	küçə səkisi	[ky'tʃæ sæki'si]
ponte (f)	körpü	[kør'py]
margem (f) do rio	sahil küçəsi	[sa'hil kytʃæ'si]
fonte (f)	fəvvarə	['fævva'ræ]
alameda (f)	xiyaban	[χija'ban]
parque (m)	park	['park]
bulevar (m)	bulvar	[bul'var]
praça (f)	meydan	[mɛj'dan]
avenida (f)	prospekt	[pros'pɛkt]
rua (f)	küçə	[ky'tʃæ]
travessa (f)	döngə	[dø'ngæ]
beco (m) sem saída	dalan	[da'lan]
casa (f)	ev	['ɛv]
edifício, prédio (m)	bina	[bi'na]
arranha-céu (m)	göydələn	[gøjdæ'læn]
fachada (f)	fasad	[fa'sad]
telhado (m)	dam	['dam]

janela (f)	pəncərə	[pændʒ⁀læ'ræ]
arco (m)	arka	['arka]
coluna (f)	sütun	[sy'tun]
esquina (f)	tin	['tin]

vitrine (f)	vitrin	[vit'rin]
letreiro (m)	lövhə	[løv'hæ]
cartaz (do filme, etc.)	afişa	[a'fiʃa]
cartaz (m) publicitário	reklam plakatı	[rɛk'lam plaka'tı]
painel (m) publicitário	reklam lövhəsi	[rɛk'lam løvhæ'si]

lixo (m)	tullantılar	[tullantı'lar]
lata (f) de lixo	urna	['urna]
jogar lixo na rua	zibilləmək	[zibillæ'mæk]
aterro (m) sanitário	zibil tökülən yer	[zi'bil tøky'læn 'ɛr]

orelhão (m)	telefon budkası	[tɛlɛ'fon budka'sı]
poste (m) de luz	fənərli dirək	[fænær'li di'ræk]
banco (m)	skamya	[skam'ja]

polícia (m)	polis işçisi	[po'lis iʃʧi'si]
polícia (instituição)	polis	[po'lis]
mendigo, pedinte (m)	dilənçi	[dilæn'ʧi]
desabrigado (m)	evsiz-eşiksiz	[ɛv'siz æʃik'siz]

54. Instituições urbanas

loja (f)	mağaza	[ma'ɣaza]
drogaria (f)	aptek	[ap'tɛk]
ótica (f)	optik cihazlar	[op'tik dʒ⁀ihaz'lar]
centro (m) comercial	ticarət mərkəzi	[tidʒ⁀a'ræt mærkæ'zi]
supermercado (m)	supermarket	[supɛr'markɛt]

padaria (f)	çörəkçixana	[ʧœrækʧiҳa'na]
padeiro (m)	çörəkçi	['ʧœræk'ʧi]
pastelaria (f)	şirniyyat mağazası	[ʃirni'at ma'ɣazası]
mercearia (f)	bakaleya mağazası	[baka'lɛja ma'ɣazası]
açougue (m)	ət dükanı	['æt dyka'nı]

| fruteira (f) | tərəvəz dükanı | [tæræ'væz dyka'nı] |
| mercado (m) | bazar | [ba'zar] |

cafeteria (f)	kafe	[ka'fɛ]
restaurante (m)	restoran	[rɛsto'ran]
bar (m)	pivəxana	[pivæҳa'na]
pizzaria (f)	pitseriya	[pitsɛ'rija]

salão (m) de cabeleireiro	bərbərxana	[bærbærҳa'na]
agência (f) dos correios	poçt	['poʧt]
lavanderia (f)	kimyəvi təmizləmə	[kimjæ'vi tæmizlæ'mæ]
estúdio (m) fotográfico	fotoatelye	[fotoatɛ'ljɛ]

| sapataria (f) | ayaqqabı mağazası | [ajakka'bı ma'ɣazası] |
| livraria (f) | kitab mağazası | [ki'tap ma'ɣazası] |

loja (f) de artigos esportivos	idman malları mağazası	[id'man malla'rı ma'ɣazası]
costureira (m)	paltarların təmiri	[paltarla'rın tæmi'ri]
aluguel (m) de roupa	paltarların kirayəsi	[paltarla'rın kirajæ'si]
videolocadora (f)	filmlərin kirayəsi	[filmlæ'rin kirajæ'si]

circo (m)	sirk	['sirk]
jardim (m) zoológico	heyvanat parkı	[hɛjva'nat par'kı]
cinema (m)	kinoteatr	[kinotɛ'atr]
museu (m)	muzey	[mu'zɛj]
biblioteca (f)	kitabxana	[kitapχa'na]

teatro (m)	teatr	[tɛ'atr]
ópera (f)	opera	['opɛra]
boate (casa noturna)	gecə klubu	[gɛ'dʒ'æ kl'u'bu]
cassino (m)	kazino	[kazi'no]

mesquita (f)	məsçid	[mæs'tʃid]
sinagoga (f)	sinaqoq	[sina'goh]
catedral (f)	baş kilsə	['baʃ kil'sæ]
templo (m)	məbəd	[mæ'bæd]
igreja (f)	kilsə	[kil'sæ]

faculdade (f)	institut	[insti'tut]
universidade (f)	universitet	[univɛrsi'tɛt]
escola (f)	məktəb	[mæk'tæp]

prefeitura (f)	prefektura	[prɛfɛk'tura]
câmara (f) municipal	bələdiyyə	[bælædi'æ]
hotel (m)	mehmanxana	[mɛhmanχa'na]
banco (m)	bank	['bank]

embaixada (f)	səfirlik	[sæfir'lik]
agência (f) de viagens	turizm agentliyi	[tu'rizm agɛntli'jı]
agência (f) de informações	məlumat bürosu	[mæl'u'mat byro'su]
casa (f) de câmbio	mübadilə məntəqəsi	[mybadi'læ mæntægæ'si]

metrô (m)	metro	[mɛt'ro]
hospital (m)	xəstəxana	[χæstæχa'na]

posto (m) de gasolina	yanacaq doldurma məntəqəsi	[jana'dʒ'ah doldur'ma mæntægæ'si]
parque (m) de estacionamento	avtomobil dayanacağı	[avtomo'bil dajanadʒ'a'ɣı]

55. Sinais

letreiro (m)	lövhə	[løv'hæ]
aviso (m)	yazı	[ja'zı]
cartaz, pôster (m)	plakat	[pla'kat]
placa (f) de direção	göstərici	[gøstɛri'dʒ'i]
seta (f)	göstərici əqrəb	[gøstɛri'dʒ'i æg'ræp]

aviso (advertência)	xəbərdarlıq	[χæbærdar'lıh]
sinal (m) de aviso	xəbərdarlıq	[χæbærdar'lıh]
avisar, advertir (vt)	xəbərdarlıq etmək	[χæbærdar'lıh ɛt'mæk]

dia (m) de folga	istirahət günü	[istira'hæt gy'ny]
horário (~ dos trens, etc.)	cədvəl	[dʒ'æd'væl]
horário (m)	iş saatları	['iʃ saatla'rı]

BEM-VINDOS!	XOŞ GƏLMİŞSİNİZ!	['χoʃ gæl'miʃsiniz]
ENTRADA	GİRİŞ	[gi'riʃ]
SAÍDA	ÇIXIŞ	[ʧ'χıʃ]

EMPURRE	ÖZÜNDƏN	[øzyn'dæn]
PUXE	ÖZÜNƏ TƏRƏF	[øzy'næ tæ'ræf]
ABERTO	AÇIQDIR	[a'ʧıgdır]
FECHADO	BAĞLIDIR	[ba'ɣlıdır]

MULHER	QADINLAR ÜÇÜN	[gadın'lar ju'ʧun]
HOMEM	KİŞİLƏR ÜÇÜN	[kiʃi'lær ju'ʧun]

DESCONTOS	ENDİRİMLƏR	[ɛndirim'lær]
SALDOS, PROMOÇÃO	ENDİRİMLİ SATIŞ	[ɛndirim'li sa'tıʃ]
NOVIDADE!	YENİ MAL!	[ɛ'ni 'mal]
GRÁTIS	PULSUZ	[pul'suz]

ATENÇÃO!	DİQQƏT!	[dik'kæt]
NÃO HÁ VAGAS	BOŞ YER YOXDUR	['boʃ 'ɛr 'joχdur]
RESERVADO	SİFARİŞ EDİLİB	[sifa'riʃ ɛdi'lip]

ADMINISTRAÇÃO	MÜDİRİYYƏT	[mydiri'æt]
SOMENTE PESSOAL AUTORIZADO	YALNIZ İŞÇİLƏR ÜÇÜN	['jalnız iʃʧi'lær ju'ʧun]

CUIDADO CÃO FEROZ	TUTAĞAN İT	[tuta'ɣan 'it]
PROIBIDO FUMAR!	SİQARET ÇƏKMƏYİN!	[siga'rɛt 'ʧækmæjın]
NÃO TOCAR	ƏL VURMAYIN!	['æl 'vurmajın]

PERIGOSO	TƏHLÜKƏLİDİR	[tæhlykæ'lidir]
PERIGO	TƏHLÜKƏ	[tæhly'kæ]
ALTA TENSÃO	YÜKSƏK GƏRGİNLİK	[jyk'sæk gærgin'lik]
PROIBIDO NADAR	ÇİMMƏK QADAĞANDIR	[ʧim'mæk gada'ɣandır]
COM DEFEITO	İŞLƏMİR	[iʃ'læmir]

INFLAMÁVEL	ODDAN TƏHLÜKƏLİDİR	[od'dan tæhlykæ'lidir]
PROIBIDO	QADAĞANDIR	[gada'ɣandır]
ENTRADA PROIBIDA	KEÇMƏK QADAĞANDIR	[kɛʧ'mæk gada'ɣandır]
CUIDADO TINTA FRESCA	RƏNGLƏNİB	[rænglæ'nip]

56. Transportes urbanos

ônibus (m)	avtobus	[av'tobus]
bonde (m) elétrico	tramvay	[tram'vaj]
trólebus (m)	trolleybus	[trol'lɛjbus]
rota (f), itinerário (m)	marşrut	[marʃ'rut]
número (m)	nömrə	[nøm'ræ]

ir de ... (carro, etc.)	getmək	[gɛt'mæk]
entrar no ...	minmək	[min'mæk]

descer do ...	enmək	[εn'mæk]
parada (f)	dayanacaq	[dajana'dʒⁱah]
próxima parada (f)	növbəti dayanacaq	[nøvbæ'ti dajana'dʒⁱah]
terminal (m)	axırıncı dayanacaq	[aχırın'dʒⁱı dajana'dʒⁱah]
horário (m)	hərəkət cədvəli	[hæræ'kæt dʒⁱædvæ'li]
esperar (vt)	gözləmək	[gøzlæ'mæk]

| passagem (f) | bilet | [bi'lεt] |
| tarifa (f) | biletin qiyməti | [bilε'tin gijmæ'ti] |

bilheteiro (m)	kassir	[kas'sir]
controle (m) de passagens	nəzarət	[næza'ræt]
revisor (m)	nəzarətçi	[næzaræ'tʃi]

atrasar-se (vr)	gecikmək	[gεdʒⁱik'mæk]
perder (o autocarro, etc.)	gecikmək	[gεdʒⁱik'mæk]
estar com pressa	tələsmək	[tælæs'mæk]

táxi (m)	taksi	[tak'si]
taxista (m)	taksi sürücüsü	[tak'si syrydʒy'sy]
de táxi (ir ~)	taksi ilə	[tak'si i'læ]
ponto (m) de táxis	taksi dayanacağı	[tak'si dajanadʒⁱa'ɣı]
chamar um táxi	taksi sifariş etmək	[tak'si sifa'riʃ εt'mæk]
pegar um táxi	taksi tutmaq	[tak'si tut'mah]

tráfego (m)	küçə hərəkəti	[ky'tʃæ hærækæ'ti]
engarrafamento (m)	tıxac	[tɪ'χadʒⁱ]
horas (f pl) de pico	pik saatları	['pik saatla'rı]
estacionar (vi)	park olunmaq	['park olⁱun'mah]
estacionar (vt)	park etmək	['park εt'mæk]
parque (m) de estacionamento	avtomobil dayanacağı	[avtomo'bil dajanadʒⁱa'ɣı]

metrô (m)	metro	[mεt'ro]
estação (f)	stansiya	['stansija]
ir de metrô	metro ilə getmək	[mεt'ro i'læ gεt'mæk]
trem (m)	qatar	[ga'tar]
estação (f) de trem	dəmiryol vağzalı	[dæ'mirjol vaɣza'lı]

57. Turismo

monumento (m)	abidə	[abi'dæ]
fortaleza (f)	qala	[ga'la]
palácio (m)	saray	[sa'raj]
castelo (m)	qəsr	['gæəsr]
torre (f)	qüllə	[gyl'læ]
mausoléu (m)	məqbərə	[mæqbæ'ræ]

arquitetura (f)	memarlıq	[mεmar'lıh]
medieval (adj)	orta əsrlərə aid	[or'ta æsrlæ'ræ a'id]
antigo (adj)	qədimi	[gædi'mi]
nacional (adj)	milli	[mil'li]
famoso, conhecido (adj)	məşhur	[mæʃ'hur]
turista (m)	turist	[tu'rist]
guia (pessoa)	bələdçi	[bælæd'tʃi]

excursão (f)	gəzinti	[gæzin'ti]
mostrar (vt)	göstərmək	[gøstær'mæk]
contar (vt)	söyləmək	[søjlæ'mæk]

encontrar (vt)	tapmaq	[tap'mah]
perder-se (vr)	itmək	[it'mæk]
mapa (~ do metrô)	sxem	['sχɛm]
mapa (~ da cidade)	plan	['plan]

lembrança (f), presente (m)	suvenir	[suvɛ'nir]
loja (f) de presentes	suvenir mağazası	[suvɛ'nir ma'ɣazası]
tirar fotos, fotografar	fotoşəkil çəkmək	[fotoʃæ'kil ʧæk'mæk]
fotografar-se (vr)	fotoşəkil çəkdirmək	[fotoʃæ'kil ʧækdir'mæk]

58. Compras

comprar (vt)	almaq	[al'mah]
compra (f)	satın alınmış şey	[sa'tın alın'mıʃ 'ʃɛj]
fazer compras	alış-veriş etmək	[a'lıʃ vɛ'riʃ æt'mæk]
compras (f pl)	şoppinq	['ʃoppinh]

estar aberta (loja)	işləmək	[iʃlæ'mæk]
estar fechada	bağlanmaq	[baɣlan'mah]

calçado (m)	ayaqqabı	[ajakka'bı]
roupa (f)	geyim	[gɛ'jım]
cosméticos (m pl)	kosmetika	[kos'mɛtika]
alimentos (m pl)	ərzaq	[ær'zah]
presente (m)	hədiyyə	[hædi'æ]

vendedor (m)	satıcı	[satı'ʤıı]
vendedora (f)	satıcı qadın	[satı'ʤıı ga'dın]

caixa (f)	kassa	['kassa]
espelho (m)	güzgü	[gyz'gy]
balcão (m)	piştaxta	[piʃtaχ'ta]
provador (m)	paltarı ölçüb baxmaq üçün yer	[palta'rı øl'ʧup baχ'mah ju'ʧun 'ɛr]

provar (vt)	paltarı ölçüb baxmaq	[palta'rı øl'ʧup baχ'mah]
servir (roupa, caber)	münasib olmaq	[myna'sip ol'mah]
gostar (apreciar)	xoşuna gəlmək	[χoʃu'na gæl'mæk]

preço (m)	qiymət	[gij'mæt]
etiqueta (f) de preço	qiymət yazılan birka	[gij'mæt jazı'lan 'birka]
custar (vt)	qiyməti olmaq	[gijmæ'ti ol'mah]
Quanto?	Neçəyədir?	[nɛʧæ'jædir]
desconto (m)	endirim	[ɛndi'rim]

não caro (adj)	baha olmayan	[ba'ha 'olmajan]
barato (adj)	ucuz	[u'ʤyz]
caro (adj)	bahalı	[baha'lı]
É caro	Bu, bahadır.	['bu ba'hadır]
aluguel (m)	kirayə	[kira'jæ]

alugar (roupas, etc.)	kirayəyə götürmək	[kirajæ'jæ gøtyr'mæk]
crédito (m)	kredit	[krɛ'dit]
a crédito	kreditlə almaq	[krɛ'ditlæ al'mah]

59. Dinheiro

dinheiro (m)	pul	['pul]
câmbio (m)	mübadilə	[mybadi'læ]
taxa (f) de câmbio	kurs	['kurs]
caixa (m) eletrônico	bankomat	[banko'mat]
moeda (f)	pul	['pul]

dólar (m)	dollar	['dollar]
euro (m)	yevro	['ɛvro]

lira (f)	lira	['lira]
marco (m)	marka	[mar'ka]
franco (m)	frank	['frank]
libra (f) esterlina	funt sterling	['funt 'stɛrlinh]
iene (m)	yena	['jɛna]

dívida (f)	borc	['bordʒʲ]
devedor (m)	borclu	[bordʒʲ'lʲu]
emprestar (vt)	borc vermək	['bordʒʲ vɛr'mæk]
pedir emprestado	borc almaq	['bordʒʲ al'mah]

banco (m)	bank	['bank]
conta (f)	hesab	[hɛ'sap]
depositar na conta	hesaba yatırmaq	[hɛsa'ba jatır'mah]
sacar (vt)	hesabdan pul götürmək	[hɛsab'dan 'pul gøtyr'mæk]

cartão (m) de crédito	kredit kartı	[krɛ'dit kar'tı]
dinheiro (m) vivo	nəqd pul	['nægd 'pul]
cheque (m)	çek	['tʃɛk]
passar um cheque	çek yazmaq	['tʃɛk jaz'mah]
talão (m) de cheques	çek kitabçası	['tʃɛk kitaptʃa'sı]

carteira (f)	cib kisəsi	['dʒʲip kisæ'si]
niqueleira (f)	pul kisəsi	['pul kisæ'si]
cofre (m)	seyf	['sɛjf]

herdeiro (m)	vərəsə	[væræ'sæ]
herança (f)	miras	[mi'ras]
fortuna (riqueza)	var-dövlət	['var døv'læt]

arrendamento (m)	icarə	[idʒʲa'ræ]
aluguel (pagar o ~)	mənzil haqqı	[mæn'zil hak'kı]
alugar (vt)	kirayə etmək	[kira'jæ ɛt'mæk]

preço (m)	qiymət	[gij'mæt]
custo (m)	qiymət	[gij'mæt]
soma (f)	məbləğ	[mæb'læɣ]
gastar (vt)	sərf etmək	['særf ɛt'mæk]
gastos (m pl)	xərclər	[χærdʒʲ'lær]

| economizar (vi) | qənaət etmək | [gæna'æt ɛt'mæk] |
| econômico (adj) | qənaətcil | [gænaæt'dʒ'il] |

pagar (vt)	pulunu ödəmək	[pul'u'nu ødæ'mæk]
pagamento (m)	ödəniş	[ødæ'niʃ]
troco (m)	pulun artığı	[pu'l'un artı'ɣı]

imposto (m)	vergi	[vɛr'gi]
multa (f)	cərimə	[dʒ'æri'mæ]
multar (vt)	cərimə etmək	[dʒ'æri'mæ ɛt'mæk]

60. Correios. Serviço postal

agência (f) dos correios	poçt binası	['potʃt bina'sı]
correio (m)	poçt	['potʃt]
carteiro (m)	poçtalyon	[potʃta'l'on]
horário (m)	iş saatları	['iʃ saatla'rı]

carta (f)	məktub	[mæk'tup]
carta (f) registada	sifarişli məktub	[sifariʃ'li mæk'tup]
cartão (m) postal	poçt kartoçkası	['potʃt kartotʃka'sı]
telegrama (m)	teleqram	[tɛlɛg'ram]
encomenda (f)	bağlama	[baɣla'ma]
transferência (f) de dinheiro	pul köçürməsi	['pul køtʃurmæ'si]

receber (vt)	almaq	[al'mah]
enviar (vt)	göndərmək	[gøndær'mæk]
envio (m)	göndərilmə	[gøndæril'mæ]

endereço (m)	ünvan	[yn'van]
código (m) postal	indeks	['indɛks]
remetente (m)	göndərən	[gøndæ'ræn]
destinatário (m)	alan	[a'lan]

| nome (m) | ad | ['ɑd] |
| sobrenome (m) | soyadı | ['sojadı] |

tarifa (f)	tarif	[ta'rif]
ordinário (adj)	adi	[a'di]
econômico (adj)	qənaətə imkan verən	[gænaæ'tæ im'kan vɛ'ræn]

peso (m)	çəki	[tʃæ'ki]
pesar (estabelecer o peso)	çəkmək	[tʃæk'mæk]
envelope (m)	zərf	['zærf]
selo (m) postal	marka	[mar'ka]

Moradia. Casa. Lar

61. Casa. Eletricidade

eletricidade (f)	elektrik	[εlεkt'rik]
lâmpada (f)	elektrik lampası	[εlεkt'rik lampa'sı]
interruptor (m)	elektrik açarı	[εlεkt'rik atʃa'rı]
fusível, disjuntor (m)	elektrik mantarı	[εlεkt'rik manta'rı]
fio, cabo (m)	məftil	[mæf'til]
instalação (f) elétrica	şəbəkə	[ʃæbæ'kæ]
medidor (m) de eletricidade	sayğac	[saj'ɣadʒʲ]
indicação (f), registro (m)	sayğac göstəricisi	[saj'ɣadʒʲ gøstεridʒʲi'si]

62. Moradia. Mansão

casa (f) de campo	şəhər kənarında olan ev	[ʃæ'hær kænarın'da o'lan 'εv]
vila (f)	villa	['villa]
ala (~ do edifício)	cinah	[dʒʲi'nah]
jardim (m)	bağ	['baɣ]
parque (m)	park	['park]
estufa (f)	oranjereya	[oranʒε'rεja]
cuidar de …	baxmaq	[baχ'mah]
piscina (f)	hovuz	[ho'vuz]
academia (f) de ginástica	idman zalı	[id'man za'lı]
quadra (f) de tênis	tennis meydançası	['tεnnis mεjdantʃa'sı]
cinema (m)	kinoteatr	[kinotε'atr]
garagem (f)	qaraj	[ga'raʒ]
propriedade (f) privada	xüsusi mülkiyyət	[χysu'si mylki'æt]
terreno (m) privado	xüsusi malikanə	[χysu'si malika'næ]
advertência (f)	xəbərdarlıq	[χæbærdar'lıh]
sinal (m) de aviso	xəbərdarlıq yazısı	[χæbærdar'lıh jazı'sı]
guarda (f)	mühafizə	[myhafi'zæ]
guarda (m)	mühafizəçi	[myhafizæ'tʃi]
alarme (m)	siqnalizasiya	[signali'zasija]

63. Apartamento

apartamento (m)	mənzil	[mæn'zil]
quarto, cômodo (m)	otaq	[o'tah]

quarto (m) de dormir	yataq otağı	[ja'tah ota'ɣɪ]
sala (f) de jantar	yemək otağı	[ɛ'mæk ota'ɣɪ]
sala (f) de estar	qonaq otağı	[go'nah ota'ɣɪ]
escritório (m)	iş otağı	['iʃ ota'ɣɪ]
sala (f) de entrada	dəhliz	[dæh'liz]
banheiro (m)	vanna otağı	[van'na ota'ɣɪ]
lavabo (m)	tualet	[tua'lɛt]
teto (m)	tavan	[ta'van]
chão, piso (m)	döşəmə	[døʃæ'mæ]
canto (m)	künc	['kyndʒʲ]

64. Mobiliário. Interior

mobiliário (m)	mebel	['mɛbɛl]
mesa (f)	masa	[ma'sa]
cadeira (f)	stul	['stul]
cama (f)	çarpayı	[ʧarpa'jɪ]
sofá, divã (m)	divan	[di'van]
poltrona (f)	kreslo	['krɛslo]
estante (f)	kitab şkafı	[ki'tap ʃka'fɪ]
prateleira (f)	kitab rəfi	[ki'tap ræ'fi]
guarda-roupas (m)	paltar üçün şkaf	[pal'tar ju'ʧun ʃ'kaf]
cabide (m) de parede	paltarasan	[paltara'san]
cabideiro (m) de pé	dik paltarasan	['dik paltara'san]
cômoda (f)	kamod	[ka'mod]
mesinha (f) de centro	jurnal masası	[ʒur'nal masa'sɪ]
espelho (m)	güzgü	[gyz'gy]
tapete (m)	xalı	[χa'lɪ]
tapete (m) pequeno	xalça	[χal'ʧa]
lareira (f)	kamin	[ka'min]
vela (f)	şam	['ʃam]
castiçal (m)	şamdan	[ʃam'dan]
cortinas (f pl)	pərdə	[pær'dæ]
papel (m) de parede	divar kağızı	[di'var kʲaɣɪ'zɪ]
persianas (f pl)	jalyuzi	[ʒalʲu'zi]
luminária (f) de mesa	stol lampası	['stol lamp'sɪ]
luminária (f) de parede	çıraq	[ʧɪ'rah]
abajur (m) de pé	torşer	[tor'ʃɛr]
lustre (m)	çilçıraq	[ʧiltʃɪ'rah]
pé (de mesa, etc.)	ayaq	[a'jah]
braço, descanso (m)	qoltuqaltı	[goltuɣal'tɪ]
costas (f pl)	söykənəcək	['søjkænæ'dʒʲæk]
gaveta (f)	siyirtmə	[sijɪrt'mæ]

65. Quarto de dormir

roupa (f) de cama	yataq deyişeyi	[ja'tah dæiʃæ'jı]
travesseiro (m)	yastıq	[jas'tıh]
fronha (f)	yastıqüzü	[jastıgy'zy]
cobertor (m)	yorğan	[jor'yan]
lençol (m)	melefe	[mælæ'fæ]
colcha (f)	örtük	[ør'tyk]

66. Cozinha

cozinha (f)	metbex	[mæt'bæχ]
gás (m)	qaz	['gaz]
fogão (m) a gás	qaz plitesi	['gaz plitæ'si]
fogão (m) elétrico	elektrik plitesi	[ɛlɛkt'rik plitæ'si]
forno (m)	duxovka	[duχov'ka]
forno (m) de micro-ondas	mikrodalğalı soba	[mikrodalγa'lı so'ba]

geladeira (f)	soyuducu	[sojudu'ʤy]
congelador (m)	dondurucu kamera	[donduru'ʤy 'kamɛra]
máquina (f) de lavar louça	qabyuyan maşın	[gaby'jan ma'ʃın]

moedor (m) de carne	et çeken maşın	['æt ʧæ'kæn ma'ʃın]
espremedor (m)	şireçeken maşın	[ʃiræʧæ'kæn ma'ʃın]
torradeira (f)	toster	['tostɛr]
batedeira (f)	mikser	['miksɛr]

máquina (f) de café	qehve hazırlayan maşın	[gæh'væ hazırla'jan ma'ʃın]
cafeteira (f)	qehvedan	[gæhvæ'dan]
moedor (m) de café	qehve üyüden maşın	[gæh'væ yjy'dæn ma'ʃın]

chaleira (f)	çaydan	[ʧaj'dan]
bule (m)	dem çaydanı	['dæm ʧajda'nı]
tampa (f)	qapaq	[ga'pah]
coador (m) de chá	kiçik elek	[ki'ʧik æ'læk]

colher (f)	qaşıq	[ga'ʃıh]
colher (f) de chá	çay qaşığı	['ʧaj gaʃı'γı]
colher (f) de sopa	xörek qaşığı	[χø'ræk gaʃı'γı]
garfo (m)	çengel	[ʧæ'ngæl]
faca (f)	bıçaq	[bı'ʧah]

louça (f)	qab-qacaq	['gap ga'ʤ'ah]
prato (m)	boşqab	[boʃ'gap]
pires (m)	nelbeki	[nælbæ'ki]

cálice (m)	qedeh	[gæ'dæh]
copo (m)	stekan	[stæ'kan]
xícara (f)	fincan	[fin'ʤan]

açucareiro (m)	qend qabı	['gænd ga'bı]
saleiro (m)	duz qabı	['duz ga'bı]
pimenteiro (m)	istiot qabı	[isti'ot ga'bı]

manteigueira (f)	yağ qabı	['jaɣ ga'bɪ]
panela (f)	qazan	[ga'zan]
frigideira (f)	tava	[ta'va]
concha (f)	çömçə	[ʧœm'ʧæ]
coador (m)	aşsüzən	[aʃsy'zæn]
bandeja (f)	məcməyi	[mæʤ'mæ'jɪ]

garrafa (f)	şüşə	[ʃy'ʃæ]
pote (m) de vidro	şüşə banka	[ʃy'ʃæ ban'ka]
lata (~ de cerveja)	banka	[ban'ka]

abridor (m) de garrafa	açan	[a'ʧan]
abridor (m) de latas	konserv ağzı açan	[kon'sɛrv a'ɣzɪ a'ʧan]
saca-rolhas (m)	burğu	[bur'ɣu]
filtro (m)	süzgəc	[syz'gæʤ]
filtrar (vt)	süzgəcdən keçirmək	[syzgæʤ'dæn kɛʧir'mæk]

| lixo (m) | zibil | [zi'bil] |
| lixeira (f) | zibil vedrəsi | [zi'bil vɛdræ'si] |

67. Casa de banho

banheiro (m)	vanna otağı	[van'na ota'ɣɪ]
água (f)	su	['su]
torneira (f)	kran	['kran]
água (f) quente	isti su	[is'ti 'su]
água (f) fria	soyuq su	[so'juh 'su]

| pasta (f) de dente | diş məcunu | ['diʃ mæʤy'nu] |
| escovar os dentes | dişləri fırçalamaq | [diʃlæ'ri fɪrʧala'mah] |

barbear-se (vr)	üzünü qırxmaq	[yzy'ny gɪrx'mah]
espuma (f) de barbear	üz qırxmaq üçün köpük	['juz gɪrx'mah ju'ʧun kø'pyk]
gilete (f)	ülgüc	[yl'gyʤ]

lavar (vt)	yumaq	[ju'mah]
tomar banho	yuyunmaq	[jujun'mah]
chuveiro (m), ducha (f)	duş	['duʃ]
tomar uma ducha	duş qəbul etmək	['duʃ gæ'bul ɛt'mæk]

banheira (f)	vanna	[van'na]
vaso (m) sanitário	unitaz	[uni'taz]
pia (f)	su çanağı	['su ʧana'ɣɪ]

| sabonete (m) | sabun | [sa'bun] |
| saboneteira (f) | sabun qabı | [sa'bun ga'bɪ] |

esponja (f)	hamam süngəri	[ha'mam syngæ'ri]
xampu (m)	şampun	[ʃam'pun]
toalha (f)	dəsmal	[dæs'mal]
roupão (m) de banho	hamam xələti	[ha'mam χælæ'ti]

| lavagem (f) | paltarın yuyulması | [palta'rın yjulma'sı] |
| lavadora (f) de roupas | paltaryuyan maşın | [paltary'jan ma'ʃın] |

| lavar a roupa | paltar yumaq | [pal'tar ju'mah] |
| detergente (m) | yuyucu toz | [juju'dʒy 'toz] |

68. Eletrodomésticos

televisor (m)	televizor	[tɛlɛ'vizor]
gravador (m)	maqnitofon	[magnito'fon]
videogravador (m)	videomaqnitofon	[vidɛomagnito'fon]
rádio (m)	qəbuledici	[gæbulɛdi'dʒ'i]
leitor (m)	pleyer	['plɛjɛr]

projetor (m)	video proyektor	[vidɛo pro'ɛktor]
cinema (m) em casa	ev kinoteatrı	['æv kinotɛat'rı]
DVD Player (m)	DVD maqnitofonu	[divi'di magnitofo'nu]
amplificador (m)	səs gücləndiricisi	['sæs gydʒ'lændiridʒ'i'si]
console (f) de jogos	oyun əlavəsi	[o'jun ælavæ'si]

câmera (f) de vídeo	videokamera	[vidɛo'kamɛra]
máquina (f) fotográfica	fotoaparat	[fotoapa'rat]
câmera (f) digital	rəqəm fotoaparatı	[ræ'gæm fotoapara'tı]

aspirador (m)	tozsoran	[tozso'ran]
ferro (m) de passar	ütü	[y'ty]
tábua (f) de passar	ütü taxtası	[y'ty taҳta'sı]

telefone (m)	telefon	[tɛlɛ'fon]
celular (m)	mobil telefon	[mo'bil tɛlɛ'fon]
máquina (f) de escrever	yazı maşını	[ja'zı maʃı'nı]
máquina (f) de costura	tikiş maşını	[ti'kiʃ maʃı'nı]

microfone (m)	mikrofon	[mikro'fon]
fone (m) de ouvido	qulaqlıqlar	[gulaglıg'lar]
controle remoto (m)	pult	['pult]

CD (m)	SD diski	[si'di dis'ki]
fita (f) cassete	kasset	[kas'sɛt]
disco (m) de vinil	val	['val]

ATIVIDADES HUMANAS

Emprego. Negócios. Parte 1

69. Escritório. O trabalho no escritório

escritório (~ de advogados)	ofis	['ofis]
escritório (do diretor, etc.)	iş otağı	['iʃ ota'ɣ ı]
recepção (f)	resepşn	[rɛ'sɛpʃn]
secretário (m)	katibə	[kʲati'bæ]
diretor (m)	direktor	[di'rɛktor]
gerente (m)	menecer	['mɛnɛdʒʲɛr]
contador (m)	mühasib	[myha'sip]
empregado (m)	işçi	[iʃ'tʃi]
mobiliário (m)	mebel	['mɛbɛl]
mesa (f)	masa	[ma'sa]
cadeira (f)	kreslo	['krɛslo]
gaveteiro (m)	dolabça	[dolab'tʃa]
cabideiro (m) de pé	dik paltarasan	['dik paltara'san]
computador (m)	bilgisayar	[bilgisa'jar]
impressora (f)	printer	['printɛr]
fax (m)	faks	['faks]
fotocopiadora (f)	surətçıxaran aparat	[surætʃ ıxa'ran apa'rat]
papel (m)	kağız	[ka'ɣ ız]
artigos (m pl) de escritório	dəftərxana ləvazimatı	[dæftærxa'na lævazima'tı]
tapete (m) para mouse	altlıq	[alt'lıh]
folha (f)	vərəq	[væ'ræh]
pasta (f)	qovluq	[gov'lʲuh]
catálogo (m)	kataloq	[ka'taloh]
lista (f) telefônica	məlumat kitabçası	[mælʲu'mat kitabtʃa'sı]
documentação (f)	sənədlər	[sænæd'lær]
brochura (f)	broşür	[bro'ʃyr]
panfleto (m)	vərəqə	[væræ'gæ]
amostra (f)	nümunə	[nymu'næ]
formação (f)	treninq	['trɛninh]
reunião (f)	müşavirə	[myʃavi'ræ]
hora (f) de almoço	nahar fasiləsi	[na'har fasilæ'si]
fazer uma cópia	surət çıxarmaq	[su'ræt tʃ ıxar'mah]
tirar cópias	çoxaltmaq	[tʃoxalt'mah]
receber um fax	faks almaq	['faks al'mah]
enviar um fax	faks göndərmək	['faks gøndær'mæk]
fazer uma chamada	zəng etmək	['zæng ɛt'mæk]

| responder (vt) | cavab vermək | [dʒ¹a'vap vɛr'mæk] |
| passar (vt) | bağlamaq | [baɣla'mah] |

marcar (vt)	təyin etmək	[tæ'jɪn ɛt'mæk]
demonstrar (vt)	nümayiş etdirmək	[nyma'iʃ ɛtdir'mæk]
estar ausente	olmamaq	['olmamah]
ausência (f)	gəlməmə	['gælmæmæ]

70. Processos negociais. Parte 1

ocupação (f)	məşğuliyyət	[mæʃɣuli'æt]
firma, empresa (f)	firma	['firma]
companhia (f)	şirkət	[ʃir'kæt]
corporação (f)	korporasiya	[korpo'rasija]
empresa (f)	müəssisə	[myæssi'sæ]
agência (f)	agentlik	[agɛnt'lik]

acordo (documento)	müqavilə	[mygavi'læ]
contrato (m)	kontrakt	[kon'trakt]
acordo (transação)	sövdə	[søv'dæ]
pedido (m)	sifariş	[sifa'riʃ]
termos (m pl)	şərt	['ʃært]

por atacado	topdan	[top'dan]
por atacado (adj)	topdan satılan	[top'dan satɪ'lan]
venda (f) por atacado	topdan satış	[top'dan sa'tɪʃ]
a varejo	pərakəndə	[pærakæn'dæ]
venda (f) a varejo	pərakəndə satış	[pærakæn'dæ sa'tɪʃ]

concorrente (m)	rəqib	[ræ'gip]
concorrência (f)	rəqabət	[ræga'bæt]
competir (vi)	rəqabət aparmaq	[ræga'bæt apar'mah]

| sócio (m) | partnyor | [part'nʲor] |
| parceria (f) | partnyorluq | [partnʲor'lʲuh] |

crise (f)	böhran	[bøh'ran]
falência (f)	müflislik	[myflis'lik]
entrar em falência	müflis olmaq	[myf'lis ol'mah]
dificuldade (f)	çətinlik	[tʃætin'lik]
problema (m)	problem	[prob'lɛm]
catástrofe (f)	fəlakət	[fæla'kæt]

economia (f)	iqtisadiyyat	[igtisadi'at]
econômico (adj)	iqtisadi	[igtisa'di]
recessão (f) econômica	iqtisadi zəifləmə	[igtisa'di zæiflæ'mæ]

| objetivo (m) | məqsəd | [mæg'sæd] |
| tarefa (f) | vəzifə | [væzi'fæ] |

comerciar (vi, vt)	alver etmək	[al'vɛr æt'mæk]
rede (de distribuição)	şəbəkə	[ʃæbæ'kæ]
estoque (m)	anbar	[an'bar]
sortimento (m)	çeşid	[tʃɛ'ʃid]

líder (m)	lider	['lidɛr]
grande (~ empresa)	iri	[i'ri]
monopólio (m)	inhisar	[inhi'sar]
teoria (f)	nəzəriyyə	[næzæ'riæ]
prática (f)	praktika	['praktika]
experiência (f)	təcrübə	[tædʒ'ry'bæ]
tendência (f)	təmayül	[tæma'jul]
desenvolvimento (m)	inkişaf	[inki'ʃaf]

71. Processos negociais. Parte 2

rentabilidade (f)	mənfəət	[mænfæ'æt]
rentável (adj)	mənfəətli	[mænfaæt'li]
delegação (f)	nümayəndəlik	[nymajændæ'lik]
salário, ordenado (m)	əmək haqqı	[æ'mæk hak'kı]
corrigir (~ um erro)	düzəltmək	[dyzælt'mæk]
viagem (f) de negócios	iş səyahəti	['iʃ sæjahæ'ti]
comissão (f)	komissiya	[ko'missija]
controlar (vt)	nəzarət etmək	[næza'ræt ɛt'mæk]
conferência (f)	konfrans	[kon'frans]
licença (f)	lisenziya	[li'sɛnzija]
confiável (adj)	etibarlı	[ɛtibar'lı]
empreendimento (m)	təşəbbüs	[tæʃæb'bys]
norma (f)	norma	['norma]
circunstância (f)	hal	['hal]
dever (do empregado)	vəzifə	[væzi'fæ]
empresa (f)	təşkilat	[tæʃki'lat]
organização (f)	təşkil etmə	[tæʃ'kil ɛt'mæ]
organizado (adj)	təşkil edilmiş	[tæʃ'kil ɛdil'miʃ]
anulação (f)	ləğv etmə	['læɣv ɛt'mæ]
anular, cancelar (vt)	ləğv etmək	['læɣv ɛt'mæk]
relatório (m)	hesabat	[hɛsa'bat]
patente (f)	patent	[pa'tɛnt]
patentear (vt)	patent vermək	[pa'tɛnt vɛr'mæk]
planejar (vt)	planlaşdırmaq	[planlaʃdır'mah]
bônus (m)	mükafat	[myka'fat]
profissional (adj)	peşəkar	[pɛʃæ'kar]
procedimento (m)	prosedur	[prosɛ'dur]
examinar (~ a questão)	baxmaq	[baχ'mah]
cálculo (m)	hesablaşma	[hɛsablaʃ'ma]
reputação (f)	ad	['ad]
risco (m)	risk	['risk]
dirigir (~ uma empresa)	idarə etmək	[ida'ræ ɛt'mæk]
informação (f)	məlumat	[mælʲu'mat]
propriedade (f)	mülkiyyət	[mylki'æt]

união (f)	ittifaq	[itti'fah]
seguro (m) de vida	həyatın sığortalanması	[hæja'tın sıɣortalanma'sı]
fazer um seguro	sığortalamaq	[sıɣortala'mah]
seguro (m)	sığorta müqaviləsi	[sıɣor'ta mygavilæ'si]
leilão (m)	hərrac	[hær'radʒ]
notificar (vt)	bildirmək	[bildir'mæk]
gestão (f)	idarə etmə	[ida'ræ ɛt'mæ]
serviço (indústria de ~s)	xidmət	[χid'mæt]
fórum (m)	forum	['forum]
funcionar (vi)	işləmək	[iʃlæ'mæk]
estágio (m)	mərhələ	[mærhæ'læ]
jurídico, legal (adj)	hüquqi	[hygu'gi]
advogado (m)	hüquqşünas	[hygukʃy'nas]

72. Produção. Trabalhos

usina (f)	zavod	[za'vod]
fábrica (f)	fabrik	['fabrik]
oficina (f)	sex	['sɛχ]
local (m) de produção	istehsalat	[istɛhsa'lat]
indústria (f)	sənaye	[sæna'jɛ]
industrial (adj)	sənaye	[sæna'jɛ]
indústria (f) pesada	ağır sənaye	[a'ɣır sæna'jɛ]
indústria (f) ligeira	yüngül sənaye	[jyn'gyl sæna'jɛ]
produção (f)	məhsul	[mæh'sul]
produzir (vt)	istehsal etmək	[istɛh'sal æt'mæk]
matérias-primas (f pl)	xammal	['χammal]
chefe (m) de obras	briqadir	[briga'dir]
equipe (f)	briqada	[bri'gada]
operário (m)	fəhlə	[fæh'læ]
dia (m) de trabalho	iş günü	['iʃ gy'ny]
intervalo (m)	fasilə	[fasi'læ]
reunião (f)	iclas	[idʒ'las]
discutir (vt)	müzakirə etmək	[myzaki'ræ ɛt'mæk]
plano (m)	plan	['plan]
cumprir o plano	planı yerinə yetirmək	[pla'nı ɛri'næ ɛtir'mæk]
taxa (f) de produção	norma	['norma]
qualidade (f)	keyfiyyət	[kɛjfi'æt]
controle (m)	yoxlama	[joχla'ma]
controle (m) da qualidade	keyfiyyətə nəzarət etmək	[kɛjfiæ'tæ næza'ræt æt'mæk]
segurança (f) no trabalho	əmək təhlükəsizliyi	[æ'mæk tæhlykæsizli'jı]
disciplina (f)	nizam-intizam	[ni'zam inti'zam]
infração (f)	pozma	[poz'ma]
violar (as regras)	pozmaq	[poz'mah]
greve (f)	tətil	[tæ'til]
grevista (m)	tətilçi	[tætil'tʃi]

estar em greve	tətil etmək	[tæ'til ɛt'mæk]
sindicato (m)	həmkarlar ittifaqı	[hæmkar'lar ittifa'gı]

inventar (vt)	ixtira etmək	[iχti'ra ɛt'mæk]
invenção (f)	ixtira	[iχti'ra]
pesquisa (f)	araşdırma	[araʃdır'ma]
melhorar (vt)	yaxşılaşdırmaq	[jaχʃılaʃdır'mah]
tecnologia (f)	texnoloqiya	[tɛχno'logija]
desenho (m) técnico	cizgi	[ʤ'iz'gi]

carga (f)	yük	['jyk]
carregador (m)	malyükləyən	[mal'yklæ'jæn]
carregar (o caminhão, etc.)	yükləmək	[jyklæ'mæk]
carregamento (m)	yükləmə	[jyklæ'mæ]
descarregar (vt)	yük boşaltmaq	['juk boʃalt'mah]
descarga (f)	yük boşaltma	['juk boʃalt'ma]

transporte (m)	nəqliyyat	[nægli'at]
companhia (f) de transporte	nəqliyyat şirkəti	[nægli'at ʃirkæ'ti]
transportar (vt)	nəql etmək	['nægl ɛt'mæk]

vagão (m) de carga	vaqon	[va'gon]
tanque (m)	sistern	[sis'tɛrn]
caminhão (m)	yük maşını	['juk maʃı'nı]

máquina (f) operatriz	dəzgah	[dæz'g'ah]
mecanismo (m)	mexanizm	[mɛχa'nizm]

resíduos (m pl) industriais	tullantılar	[tullantı'lar]
embalagem (f)	qablaşdırma	[gablaʃdır'ma]
embalar (vt)	qablaşdırmaq	[gablaʃdır'mah]

73. Contrato. Acordo

contrato (m)	kontrakt	[kon'trakt]
acordo (m)	saziş	[sa'ziʃ]
adendo, anexo (m)	əlavə	[æla'væ]

assinar o contrato	kontrakt bağlamaq	[kon'trakt bayla'mah]
assinatura (f)	imza	[im'za]
assinar (vt)	imzalamaq	[imzala'mah]
carimbo (m)	möhür	[mø'hyr]

objeto (m) do contrato	müqavilənin predmeti	[mygavilæ'nin prɛdmɛ'ti]
cláusula (f)	bənd	['bænd]
partes (f pl)	tərəflər	[tæræf'lær]
domicílio (m) legal	hüquqi ünvan	[hygu'gi jun'van]

violar o contrato	kontraktı pozmaq	[kontrak'tı poz'mah]
obrigação (f)	vəzifə	[væzi'fæ]
responsabilidade (f)	məsuliyyət	[mæsuli'æt]
força (f) maior	fors-major	['fors ma'ʒor]
litígio (m), disputa (f)	mübahisə	[mybahi'sæ]
multas (f pl)	cərimə sanksiyaları	[ʤ'æri'mæ sanksijala'rı]

74. Importação & Exportação

importação (f)	idxal	[id'ӽal]
importador (m)	idxalatçı	[idӽala'ʧı]
importar (vt)	idxal etmək	[id'ӽal ɛt'mæk]
de importação	idxal edilmiş mallar	[id'ӽal ɛdil'miʃ mal'lar]
exportador (m)	ixracatçı	[iӽradӡ'a'ʧı]
exportar (vt)	ixrac etmək	[iӽ'radӡ ɛt'mæk]
mercadoria (f)	mal	['mal]
lote (de mercadorias)	partiya	['partija]
peso (m)	çəki	[ʧæ'ki]
volume (m)	həcm	['hædӡm]
metro (m) cúbico	kub metr	['kup 'mɛtr]
produtor (m)	istehsalçı	[istɛhsal'ʧı]
companhia (f) de transporte	nəqliyyat şirkəti	[nægli'at ʃirkæ'ti]
contêiner (m)	konteyner	[kon'tɛjnɛr]
fronteira (f)	sərhəd	[sær'hæd]
alfândega (f)	gömrük	[gøm'ryk]
taxa (f) alfandegária	gömrük rüsumu	[gøm'ryk rysu'mu]
funcionário (m) da alfândega	gömrük işçisi	[gøm'ryk iʧʧi'si]
contrabando (atividade)	qaçaqçılıq	[gaʧagʧı'lıh]
contrabando (produtos)	qaçaq mal	[ga'ʧah 'mal]

75. Finanças

ação (f)	səhm	['sæhm]
obrigação (f)	istiqraz	[istig'raz]
nota (f) promissória	veksel	['vɛksɛl]
bolsa (f) de valores	birja	['birӡa]
cotação (m) das ações	səhm kursu	['sæhm kur'su]
tornar-se mais barato	ucuzlaşmaq	[udӡyzlaʃ'mah]
tornar-se mais caro	bahalanmaq	[bahalan'mah]
participação (f) majoritária	kontrol paketi	[kon'trol pakɛ'ti]
investimento (m)	investisiyalar	[invɛs'tisijalar]
investir (vt)	investisiya qoymaq	[invɛs'tisija goj'mah]
porcentagem (f)	faiz	[fa'iz]
juros (m pl)	faiz	[fa'iz]
lucro (m)	gəlir	[gæ'lir]
lucrativo (adj)	gəlirli	[gælir'li]
imposto (m)	vergi	[vɛr'gi]
divisa (f)	valyuta	[va'lʲuta]
nacional (adj)	milli	[mil'li]
câmbio (m)	mübadilə	[mybadi'læ]

contador (m)	mühasib	[myha'sip]
contabilidade (f)	mühasibat	[myhasi'bat]
falência (f)	müflislik	[myflis'lik]
falência, quebra (f)	iflas	[if'las]
ruína (f)	var-yoxdan çıxma	['var joχ'dan ʧɪχ'ma]
estar quebrado	var-yoxdan çıxmaq	['var joχ'dan ʧɪχ'mah]
inflação (f)	inflyasiya	[in'flʲasija]
desvalorização (f)	devalvasiya	[dɛvalʲ'vasija]
capital (m)	kapital	[kapi'tal]
rendimento (m)	gəlir	[gæ'lir]
volume (m) de negócios	tədavül	[tæda'vyl]
recursos (m pl)	ehtiyat	[ɛhti'jat]
recursos (m pl) financeiros	pul vəsaiti	['pul væsai'ti]
reduzir (vt)	ixtisara salmaq	[iχtisa'ra sal'mah]

76. Marketing

marketing (m)	marketinq	[mar'kɛtinh]
mercado (m)	bazar	[ba'zar]
segmento (m) do mercado	bazarın segmenti	[baza'rın sɛgmɛn'ti]
produto (m)	məhsul	[mæh'sul]
mercadoria (f)	mal	['mal]
marca (f) registrada	ticarət markası	[tidʒʲa'ræt marka'sı]
logotipo (m)	firma nişanı	['firma niʃa'nı]
logo (m)	loqotip	[logo'tip]
demanda (f)	tələb	[tæ'læp]
oferta (f)	təklif	[tæk'lif]
necessidade (f)	tələbat	[tælæ'bat]
consumidor (m)	istehlakçı	[istɛhlak'ʧı]
análise (f)	təhlil	[tœh'lil]
analisar (vt)	təhlil etmək	[tæh'lil ɛt'mæk]
posicionamento (m)	mövqenin təyin edilməsi	[møvgɛ'nin tæ'jın ædilmæ'si]
posicionar (vt)	mövqeni təyin etmək	[møvgɛ'ni tæ'jın æt'mæk]
preço (m)	qiymət	[gij'mæt]
política (f) de preços	qiymət siyasəti	[gij'mæt sijasæ'ti]
formação (f) de preços	qiymət qoyulma	[gij'mæt gojul'ma]

77. Publicidade

publicidade (f)	reklam	[rɛk'lam]
fazer publicidade	reklam etmək	[rɛk'lam æt'mæk]
orçamento (m)	büdcə	[byd'dʒʲæ]
anúncio (m)	reklam	[rɛk'lam]
publicidade (f) na TV	televiziya reklamı	[tɛlɛ'vizija rɛkla'mı]
publicidade (f) na rádio	radio reklamı	['radio rɛkla'mı]

publicidade (f) exterior	küçə-çöl reklamı	[ky'tʃæ tʃœl rɛkla'mı]
comunicação (f) de massa	kütləvi informasiya vasitələri	[kytlæ'vi infor'masija vasitælæ'ri]
periódico (m)	vaxtaşırı nəşriyyat	[vaχtaʃı'rı næʃri'at]
imagem (f)	imic	['imidʒi]
slogan (m)	şüar	[ʃy'ar]
mote (m), lema (f)	şüar	[ʃy'ar]
campanha (f)	kampaniya	[kam'panija]
campanha (f) publicitária	reklam kampaniyası	[rɛk'lam kam'panijası]
grupo (m) alvo	məqsədli auditoriya	[mæqsæd'li audi'torija]
cartão (m) de visita	vizit kartı	[vi'zit kar'tı]
panfleto (m)	vərəqə	[væræ'gæ]
brochura (f)	broşür	[bro'ʃyr]
folheto (m)	buklet	[buk'lɛt]
boletim (~ informativo)	bülleten	[byllɛ'tɛn]
letreiro (m)	lövhə	[løv'hæ]
cartaz, pôster (m)	plakat	[pla'kat]
painel (m) publicitário	lövhə	[løv'hæ]

78. Banca

banco (m)	bank	['bank]
balcão (f)	şöbə	[ʃo'bæ]
consultor (m) bancário	məsləhətçi	[mæslæhæ'tʃi]
gerente (m)	idarə başçısı	[ida'ræ baʃtʃı'sı]
conta (f)	hesab	[hɛ'sap]
número (m) da conta	hesab nömrəsi	[hɛ'sap nømræ'si]
conta (f) corrente	cari hesab	[dʒia'ri hɛ'sap]
conta (f) poupança	yığılma hesabı	[jıɣıl'ma hɛsa'bı]
abrir uma conta	hesab açmaq	[hɛ'sap atʃ'mah]
fechar uma conta	bağlamaq	[baɣla'mah]
depositar na conta	hesaba yatırmaq	[hɛsa'ba jatır'mah]
sacar (vt)	hesabdan pul götürmək	[hɛsab'dan 'pul gøtyr'mæk]
depósito (m)	əmanet	[æma'næt]
fazer um depósito	əmanet qoymaq	[æma'næt goj'mah]
transferência (f) bancária	köçürmə	[køtʃur'mæ]
transferir (vt)	köçürmə etmək	[køtʃur'mæ ɛt'mæk]
soma (f)	məbləğ	[mæb'læɣ]
Quanto?	Nə qədər?	['næ gæ'dær]
assinatura (f)	imza	[im'za]
assinar (vt)	imzalamaq	[imzala'mah]
cartão (m) de crédito	kredit kartı	[krɛ'dit kar'tı]
senha (f)	kod	['kod]

número (m) do cartão de crédito	kredit kartının nömrəsi	[krɛ'dit kartı'nın nømræ'si]
caixa (m) eletrônico	bankomat	[banko'mat]

cheque (m)	çek	['ʧɛk]
passar um cheque	çek yazmaq	['ʧɛk jaz'mah]
talão (m) de cheques	çek kitabçası	['ʧɛk kitapʧa'sı]

empréstimo (m)	kredit	[krɛ'dit]
pedir um empréstimo	kredit üçün müraciət etmək	[krɛ'dit ju'ʧun myradʒ'i'æt æt'mæk]
obter empréstimo	kredit götürmək	[krɛ'dit gøtyr'mæk]
dar um empréstimo	kredit vermək	[krɛ'dit vɛr'mæk]
garantia (f)	qarantiya	[ga'rantija]

79. Telefone. Conversação telefônica

telefone (m)	telefon	[tɛlɛ'fon]
celular (m)	mobil telefon	[mo'bil tɛlɛ'fon]
secretária (f) eletrônica	avtomatik cavab verən	[avtoma'tik dʒ'a'vap vɛ'ræn]

fazer uma chamada	zəng etmək	['zæng ɛt'mæk]
chamada (f)	zəng	['zænh]

discar um número	nömrəni yığmaq	[nømræ'ni jı'ɣmah]
Alô!	allo!	[al'lo]
perguntar (vt)	soruşmaq	[soruʃ'mah]
responder (vt)	cavab vermək	[dʒ'a'vap vɛr'mæk]

ouvir (vt)	eşitmək	[ɛʃit'mæk]
bem	yaxşı	[jaχ'ʃı]
mal	pis	['pis]
ruído (m)	maneələr	[manɛæ'lær]

fone (m)	dəstək	[dæs'tæk]
pegar o telefone	dəstəyi götürmək	[dæstæ'jı gøtyr'mæk]
desligar (vi)	dəstəyi qoymaq	[dæstæ'jı goj'mah]

ocupado (adj)	məşğul	[mæʃ'ɣul]
tocar (vi)	zəng etmək	['zæng ɛt'mæk]
lista (f) telefônica	telefon kitabçası	[tɛlɛ'fon kitabʧa'sı]

local (adj)	yerli	[ɛr'li]
de longa distância	şəhərlərarası	[ʃæhærlærara'sı]
internacional (adj)	beynəlxalq	[bɛjnæl'χalh]

80. Telefone móvel

celular (m)	mobil telefon	[mo'bil tɛlɛ'fon]
tela (f)	displey	[disp'lɛj]
botão (m)	düymə	[dyj'mæ]
cartão SIM (m)	SİM kart	['sim 'kart]

bateria (f)	batareya	[bata'rɛja]
descarregar-se (vr)	boşalmaq	[boʃal'mah]
carregador (m)	elektrik doldurucu cihaz	[ɛlɛkt'rik dolduru'ʤy ʤi'haz]

menu (m)	menyu	[mɛ'nju]
configurações (f pl)	sazlamalar	[sazlama'lar]
melodia (f)	melodiya	[mɛ'lodija]
escolher (vt)	seçmək	[sɛʧ'mæk]

calculadora (f)	kalkulyator	[kalʲku'lʲator]
correio (m) de voz	avtomatik cavab verən	[avtoma'tik ʤʲa'vap vɛ'ræn]
despertador (m)	zəngli saat	[zæng'li sa'at]
contatos (m pl)	telefon kitabçası	[tɛlɛ'fon kitabʧa'sɪ]

| mensagem (f) de texto | SMS-xəbər | [ɛsɛ'mɛs χæ'bær] |
| assinante (m) | abunəçi | [abunæ'ʧi] |

81. Estacionário

| caneta (f) | diyircəkli avtoqələm | [dijɪrʤʲæk'li avtogæ'læm] |
| caneta (f) tinteiro | ucluğu olan qələm | [uʤylʲu'ɣu o'lan gæ'læm] |

lápis (m)	karandaş	[karan'daʃ]
marcador (m) de texto	markyor	[mar'kʲor]
caneta (f) hidrográfica	flomaster	[flo'mastɛr]

| bloco (m) de notas | bloknot | [blok'not] |
| agenda (f) | gündəlik | [gyndæ'lik] |

régua (f)	xətkeş	[χæt'kɛʃ]
calculadora (f)	kalkulyator	[kalʲku'lʲator]
borracha (f)	pozan	[po'zan]
alfinete (m)	basmadüymə	[basmadyjʲ'mæ]
clipe (m)	qısqac	[gɪs'gaʤʲ]

cola (f)	yapışqan	[japɪʃ'gan]
grampeador (m)	stepler	['stɛplɛr]
furador (m) de papel	deşikaçan	[dɛʃika'ʧan]
apontador (m)	qələm yonan	[gæ'læm jo'nan]

82. Tipos de negócios

| serviços (m pl) de contabilidade | mühasibat xidmətləri | [myhasi'bat χidmætlæ'ri] |

publicidade (f)	reklam	[rɛk'lam]
agência (f) de publicidade	reklam agentliyi	[rɛk'lam agɛntli'jɪ]
ar (m) condicionado	kondisionerlər	[kondisionɛr'lær]
companhia (f) aérea	hava yolu şirkəti	[ha'va jo'lʲu ʃirkæ'ti]

bebidas (f pl) alcoólicas	spirtli içkilər	[spirt'li iʧki'lær]
comércio (m) de antiguidades	qədimi əşyalar	[gædi'mi æʃja'lar]
galeria (f) de arte	qalereya	[galɛ'rɛja]

serviços (m pl) de auditoria	auditor xidmətləri	[au'ditor χidmætlæ'ri]
negócios (m pl) bancários	bank biznesi	['bank 'biznɛsi]
bar (m)	bar	['bar]
salão (m) de beleza	gözəllik salonu	[gøzæl'lik salo'nu]
livraria (f)	kitab mağazası	[ki'tap ma'γazası]
cervejaria (f)	pivə zavodu	[pi'væ zavo'du]
centro (m) de escritórios	biznes mərkəzi	['biznɛs mærkæ'zi]
escola (f) de negócios	biznes məktəbi	['biznɛs mæktæ'bi]

cassino (m)	kazino	[kazi'no]
construção (f)	inşaat	[inʃa'at]
consultoria (f)	konsaltinq	[kon'saltinh]

clínica (f) dentária	stomatologiya	[stomato'logija]
design (m)	dizayn	[di'zajn]
drogaria (f)	aptek	[ap'tɛk]
lavanderia (f)	kimyavi təmizləmə	[kimjæ'vi tæmizlæ'mæ]
agência (f) de emprego	kadrlar agentliyi	['kadrlar agɛntli'jı]

serviços (m pl) financeiros	maliyyə xidmətləri	[mali'æ χidmætlæ'ri]
alimentos (m pl)	ərzaq məhsulları	[ær'zah mæhsulla'rı]
funerária (f)	dəfn etmə bürosu	['dæfn ɛt'mæ byro'su]
mobiliário (m)	mebel	['mɛbɛl]
roupa (f)	geyim	[gɛ'jım]
hotel (m)	mehmanxana	[mɛhmanχa'na]

sorvete (m)	dondurma	[dondur'ma]
indústria (f)	sənaye	[sæna'jɛ]
seguro (~ de vida, etc.)	sığorta	[sıγor'ta]
internet (f)	internet	[intɛr'nɛt]
investimento (m)	investisiyalar	[invɛs'tisijalar]

joalheiro (m)	zərgər	[zær'gær]
joias (f pl)	zərgərlik məmulatı	[zærgær'lik mæmula'tı]
lavanderia (f)	camaşırxana	[dʒ'amaʃırχa'na]
assessorias (f pl) jurídicas	hüquqi xidmətlər	[hygu'gi χidmæt'lær]
Indústria (f) ligeira	yüngül sənaye	[jyn'gyl sæna'jɛ]

revista (f)	jurnal	[ʒur'nal]
vendas (f pl) por catálogo	kataloq üzrə ticarət	[ka'taloh juz'ræ tidʒa'ræt]
medicina (f)	təbabət	[tæba'bæt]
cinema (m)	kinoteatr	[kinotɛ'atr]
museu (m)	muzey	[mu'zɛj]

agência (f) de notícias	məlumat agentliyi	[mælʲu'mat agɛntli'jı]
jornal (m)	qəzet	[gæ'zɛt]
boate (casa noturna)	gecə klubu	[gɛ'dʒʲæ klʲu'bu]

petróleo (m)	neft	['nɛft]
serviços (m pl) de remessa	kuryer xidməti	[ku'rjɛr χidmætlæ'ri]
indústria (f) farmacêutica	eczaçılıq	[ædʒ'zatʃi'lıh]
tipografia (f)	mətbəə işləri	[mætbæ'æ iʃlæ'ri]
editora (f)	nəşriyyat	[næʃri'at]

rádio (m)	radio	['radio]
imobiliário (m)	mülk	['mylʲk]

restaurante (m)	**restoran**	[rɛsto'ran]
empresa (f) de segurança	**mühafizə agentliyi**	[myhafi'zæ agɛntli'jı]
esporte (m)	**idman**	[id'man]
bolsa (f) de valores	**birja**	['birʒa]
loja (f)	**mağaza**	[ma'ɣaza]
supermercado (m)	**supermarket**	[supɛr'markɛt]
piscina (f)	**hovuz**	[ho'vuz]
alfaiataria (f)	**atelye**	[atɛ'ljɛ]
televisão (f)	**televiziya**	[tɛlɛ'vizija]
teatro (m)	**teatr**	[tɛ'atr]
comércio (m)	**ticarət**	[tidʒ'a'ræt]
serviços (m pl) de transporte	**daşımalar**	[daʃıma'lar]
viagens (f pl)	**turizm**	[tu'rizm]
veterinário (m)	**baytar**	[baj'tar]
armazém (m)	**anbar**	[an'bar]
recolha (f) do lixo	**zibilin daşınması**	[zibi'lin daʃınma'sı]

Emprego. Negócios. Parte 2

83. Espetáculo. Feira

feira, exposição (f)	sərgi	[sær'gi]
feira (f) comercial	ticarət sərgisi	[tidʒɪa'ræt særgi'si]
participação (f)	iştirak	[iʃti'rak]
participar (vi)	iştirak etmək	[iʃti'rak ɛt'mæk]
participante (m)	iştirakçı	[iʃtirak'ʧɪ]
diretor (m)	direktor	[di'rɛktor]
direção (f)	müdiriyyət,	[mydiri'æt],
	təşkilat komitəsi	[tæʃki'lat komitæ'si]
organizador (m)	təşkilatçı	[tæʃkila'ʧɪ]
organizar (vt)	təşkil etmək	[tæʃ'kil ɛt'mæk]
ficha (f) de inscrição	iştirak etmək istəyi	[iʃti'rak ɛt'mæk istæ'jɪ]
preencher (vt)	doldurmaq	[doldur'mah]
detalhes (m pl)	təfərrüatlar	[tæfærryat'lar]
informação (f)	məlumat	[mælʲu'mat]
preço (m)	qiymət	[gij'mæt]
incluindo	daxil olmaqla	[da'χil ol'magla]
incluir (vt)	daxil olmaq	[da'χil ol'mah]
pagar (vt)	pulunu ödəmək	[pulʲu'nu ødæ'mæk]
taxa (f) de inscrição	qeydiyyat haqqı	[gɛjdi'at hak'kɪ]
entrada (f)	giriş	[gi'riʃ]
pavilhão (m), salão (f)	pavilyon	[pavi'ljon]
inscrever (vt)	qeyd etmək	['gɛjd æt'mæk]
crachá (m)	bec	['bɛdʒ]
stand (m)	sərgi	[sær'gi]
reservar (vt)	sifariş etmək	[sifa'riʃ ɛt'mæk]
vitrine (f)	vitrin	[vit'rin]
lâmpada (f)	çıraq	[ʧɪ'rah]
design (m)	dizayn	[di'zajn]
pôr (posicionar)	yerləşdirmək	[ɛrlæʃdir'mæk]
distribuidor (m)	distribütor	[distri'bytor]
fornecedor (m)	tədarükçü	[tædaryk'ʧu]
país (m)	ölkə	[øl'kæ]
estrangeiro (adj)	xarici	[χari'dʒʲi]
produto (m)	məhsul	[mæh'sul]
associação (f)	birlik	[bir'lik]
sala (f) de conferência	konfrans zalı	[kon'frans za'lɪ]

congresso (m)	konqress	[kon'grɛss]
concurso (m)	müsabiqə	[mysabi'gæ]

visitante (m)	ziyarətçi	[zijaræ'ʧi]
visitar (vt)	ziyarət etmək	[zija'ræt ɛt'mæk]
cliente (m)	sifarişçi	[sifariʃ'ʧi]

84. Ciência. Investigação. Cientistas

ciência (f)	elm	['ɛlm]
científico (adj)	elmi	[ɛl'mi]
cientista (m)	alim	[a'lim]
teoria (f)	nəzəriyyə	[næzæ'riæ]

axioma (m)	aksioma	[aksi'oma]
análise (f)	təhlil	[tæh'lil]
analisar (vt)	təhlil etmək	[tæh'lil ɛt'mæk]
argumento (m)	dəlil	[dæ'lil]
substância (f)	maddə	[mad'dæ]

hipótese (f)	fərziyyə	[færzi'æ]
dilema (m)	dilemma	[di'lɛmma]
tese (f)	dissertasiya	[dissɛr'tasija]
dogma (m)	doqma	['dogma]

doutrina (f)	doktrina	[dokt'rina]
pesquisa (f)	araşdırma	[araʃdır'ma]
pesquisar (vt)	araşdırmaq	[araʃdır'mah]
testes (m pl)	yoxlama	[joxla'ma]
laboratório (m)	laboratoriya	[labora'torija]

método (m)	metod	['mɛtod]
molécula (f)	molekula	[mo'lɛkula]
monitoramento (m)	monitoring	[moni'torinh]
descoberta (f)	kəşf	['kæʃf]

postulado (m)	postulat	[postu'lat]
princípio (m)	prinsip	['prinsip]
prognóstico (previsão)	proqnoz	[prog'noz]
prognosticar (vt)	proqnozlaşdırmaq	[prognozlaʃdır'mah]

síntese (f)	sintez	['sintɛz]
tendência (f)	təmayül	[tæma'jul]
teorema (m)	teorema	[tɛo'rɛma]

ensinamentos (m pl)	nəzəriyyə	[næzæ'riæ]
fato (m)	fakt	['fakt]
expedição (f)	ekspedisiya	[ɛkspɛ'disija]
experiência (f)	eksperiment	[ɛkspɛri'mɛnt]

acadêmico (m)	akademik	[aka'dɛmik]
bacharel (m)	bakalavr	[baka'lavr]
doutor (m)	doktor	['doktor]
professor (m) associado	dosent	[do'sɛnt]

| mestrado (m) | **magistr** | [ma'gistr] |
| professor (m) | **professor** | [pro'fɛssor] |

Profissões e ocupações

85. Procura de emprego. Demissão

trabalho (m)	iş	['iʃ]
equipe (f)	ştat	['ʃtat]
carreira (f)	karyera	[kar'jɛra]
perspectivas (f pl)	perspektiv	[pɛrspɛk'tiv]
habilidades (f pl)	ustalıq	[usta'lıh]
seleção (f)	seçmə	[sɛtʃ'mæ]
agência (f) de emprego	kadrlar agentliyi	['kadrlar agɛntli'jı]
currículo (m)	CV	[si'vi]
entrevista (f) de emprego	müsahibə	[mysahi'bæ]
vaga (f)	vakansiya	[va'kansija]
salário (m)	əmək haqqı	[æ'mæk hak'kı]
salário (m) fixo	maaş	[ma'aʃ]
pagamento (m)	haqq	['hagh]
cargo (m)	vəzifə	[væzi'fæ]
dever (do empregado)	vəzifə	[væzi'fæ]
gama (f) de deveres	dairə	[dai'ræ]
ocupado (adj)	məşğul	[mæʃ'ɣul]
despedir, demitir (vt)	azad etmək	[a'zad ɛt'mæk]
demissão (f)	azad edilmə	[a'zad ɛdil'mæ]
desemprego (m)	işsizlik	[iʃsiz'lik]
desempregado (m)	işsiz	[iʃ'siz]
aposentadoria (f)	təqaüd	[tæga'jud]
aposentar-se (vr)	təqaüdə çıxmaq	[tægay'dæ tʃıx'mah]

86. Gente de negócios

diretor (m)	direktor	[di'rɛktor]
gerente (m)	idarə başçısı	[ida'ræ baʃtʃı'sı]
patrão, chefe (m)	rəhbər	[ræh'bær]
superior (m)	müdir	[my'dir]
superiores (m pl)	rəhbərlik	[ræhbær'lik]
presidente (m)	prezident	[prɛzi'dɛnt]
chairman (m)	sədr	['sædr]
substituto (m)	müavin	[mya'vin]
assistente (m)	köməkçi	[kømæk'tʃi]
secretário (m)	katibə	[kʲati'bæ]

secretário (m) pessoal	şəxsi katib	[ʃæχ'si ka'tip]
homem (m) de negócios	biznesmen	['biznɛsmɛn]
empreendedor (m)	sahibkar	[sahib'kʲar]
fundador (m)	təsisçi	[tæsis'ʧi]
fundar (vt)	təsis etmək	[tæ'sis ɛt'mæk]

principiador (m)	təsisçi	[tæsis'ʧi]
parceiro, sócio (m)	partnyor	[part'nʲor]
acionista (m)	səhmdar	[sæhm'dar]

milionário (m)	milyoner	[miljo'nɛr]
bilionário (m)	milyarder	[miljar'dɛr]
proprietário (m)	sahib	[sa'hip]
proprietário (m) de terras	torpaq sahibi	[tor'pah sahi'bi]

cliente (m)	müştəri	[myʃtæ'ri]
cliente (m) habitual	daimi müştəri	[dai'mi myʃtæ'ri]
comprador (m)	alıcı	[alı'ʤı]
visitante (m)	ziyarətçi	[zijaræ'ʧi]

profissional (m)	peşəkar	[pɛʃæ'kar]
perito (m)	ekspert	[ɛks'pɛrt]
especialista (m)	mütəxəssis	[mytæχæs'sis]

banqueiro (m)	bank sahibi	['bank sahi'bi]
corretor (m)	broker	['brokɛr]

caixa (m, f)	kassir	[kas'sir]
contador (m)	mühasib	[myha'sip]
guarda (m)	mühafizəçi	[myhafizæ'ʧi]

investidor (m)	investor	[in'vɛstor]
devedor (m)	borclu	[borʤı'lʲu]
credor (m)	kreditor	[krɛdi'tor]
mutuário (m)	borc alan	['borʤ a'lan]

importador (m)	idxalatçı	[idχala'ʧı]
exportador (m)	ixracatçı	[iχraʤʲa'ʧı]

produtor (m)	istehsalçı	[istɛhsal'ʧı]
distribuidor (m)	distribütor	[distri'bytor]
intermediário (m)	vasitəçi	[vasitæ'ʧi]

consultor (m)	məsləhətçi	[mæslæhæ'ʧi]
representante comercial	təmsilçi	[tæmsil'ʧi]
agente (m)	agent	[a'gɛnt]
agente (m) de seguros	sığorta agenti	[sıɣor'ta agɛn'ti]

87. Profissões de serviços

cozinheiro (m)	aşpaz	[aʃ'paz]
chefe (m) de cozinha	baş aşpaz	['baʃ aʃ'paz]
padeiro (m)	çörəkçi	['ʧœræk'ʧi]
barman (m)	barmen	['barmɛn]

| garçom (m) | ofisiant | [ofisi'ant] |
| garçonete (f) | ofisiant qız | [ofisi'ant 'gız] |

advogado (m)	vəkil	[væ'kil]
jurista (m)	hüquqşünas	[hygukʃy'nas]
notário (m)	notarius	[no'tarius]

eletricista (m)	montyor	[mon'tʲor]
encanador (m)	santexnik	[san'tɛχnik]
carpinteiro (m)	dülgər	[dylʲ'gær]

massagista (m)	masajçı	[masaʒ'tʃı]
massagista (f)	masajçı qadın	[masaʒ'tʃı ga'dın]
médico (m)	həkim	[hæ'kim]

taxista (m)	taksi sürücüsü	[tak'si syrydʒy'sy]
condutor (automobilista)	sürücü	[syry'dʒy]
entregador (m)	kuryer	[ku'rjɛr]

camareira (f)	otaq qulluqçusu	[o'tah gullʲugtʃu'su]
guarda (m)	mühafizəçi	[myhafizæ'tʃi]
aeromoça (f)	stüardessa	[styar'dɛssa]

professor (m)	müəllim	[myæl'lim]
bibliotecário (m)	kitabxanaçı	[kitapχana'tʃı]
tradutor (m)	tərcüməçi	[tærdʒymæ'tʃi]
intérprete (m)	tərcüməçi	[tærdʒymæ'tʃi]
guia (m)	bələdçi	[bælæd'tʃi]

cabeleireiro (m)	bərbər	[bær'bær]
carteiro (m)	poçtalyon	[potʃta'lʲon]
vendedor (m)	satıcı	[satı'dʒʲı]

jardineiro (m)	bağban	[ba'ɣban]
criado (m)	nökər	[nø'kær]
criada (f)	ev qulluqçusu	['ɛv gullʲugtʃu'su]
empregada (f) de limpeza	xadimə	[χadi'mæ]

88. Profissões militares e postos

soldado (m) raso	sıravi	[sıra'vi]
sargento (m)	çavuş	[tʃa'vuʃ]
tenente (m)	leytenant	[lɛjtɛ'nant]
capitão (m)	kapitan	[kapi'tan]

major (m)	mayor	[ma'jor]
coronel (m)	polkovnik	[pol'kovnik]
general (m)	general	[gɛnɛ'ral]
marechal (m)	marşal	['marʃal]
almirante (m)	admiral	[admi'ral]

militar (m)	hərbiçi	[hærbi'tʃi]
soldado (m)	əsgər	[æs'gær]
oficial (m)	zabit	[za'bit]

comandante (m)	komandir	[koman'dir]
guarda (m) de fronteira	sərhəd keşikçisi	[sær'hæd kɛʃiktʃi'si]
operador (m) de rádio	radist	[ra'dist]
explorador (m)	kəşfiyyatçı	[kæʃfia'tʃı]
sapador-mineiro (m)	istehkamçı	[istɛhkam'tʃı]
atirador (m)	atıcı	[atı'dʒʲı]
navegador (m)	şturman	['ʃturman]

89. Oficiais. Padres

| rei (m) | kral | ['kral] |
| rainha (f) | kraliçə | [kra'litʃæ] |

| príncipe (m) | şahzadə | [ʃahza'dæ] |
| princesa (f) | şahzadə xanım | [ʃahza'dæ χa'nım] |

| czar (m) | çar | ['tʃar] |
| czarina (f) | çariçə | [tʃa'ritʃæ] |

presidente (m)	prezident	[prɛzi'dɛnt]
ministro (m)	nazir	[na'zir]
primeiro-ministro (m)	baş nazir	['baʃ na'zir]
senador (m)	senator	[sɛ'nator]

diplomata (m)	diplomat	[diplo'mat]
cônsul (m)	konsul	['konsul]
embaixador (m)	səfir	[sæ'fir]
conselheiro (m)	müşavir	[myʃa'vir]

funcionário (m)	məmur	[mæ'mur]
prefeito (m)	prefekt	[prɛ'fɛkt]
Presidente (m) da Câmara	şəhər icra hakimiyyətinin başçısı	[ʃæ'hær idʒ'ra hakimiæti'nin baʃtʃı'sı]

| juiz (m) | hakim | [ha'kim] |
| procurador (m) | prokuror | [proku'ror] |

missionário (m)	missioner	[missio'nɛr]
monge (m)	rahib	[ra'hip]
abade (m)	abbat	[ab'bat]
rabino (m)	ravvin	['ravvin]

vizir (m)	vəzir	[væ'zir]
xá (m)	şax	['ʃaχ]
xeique (m)	şeyx	['ʃɛjχ]

90. Profissões agrícolas

abelheiro (m)	arıçı	[arı'tʃı]
pastor (m)	çoban	[tʃo'ban]
agrônomo (m)	aqronom	[agro'nom]
criador (m) de gado	heyvandar	[hɛjvan'dar]

veterinário (m)	baytar	[baj'tar]
agricultor, fazendeiro (m)	fermer	['fɛrmɛr]
vinicultor (m)	şərabçı	[ʃærap'tʃɪ]
zoólogo (m)	zooloq	[zo'oloh]
vaqueiro (m)	kovboy	[kov'boj]

91. Profissões artísticas

ator (m)	aktyor	[ak'tʲor]
atriz (f)	aktrisa	[akt'risa]
cantor (m)	müğənni	[myɣæn'ni]
cantora (f)	müğənni qadın	[myɣæn'ni ga'dın]
bailarino (m)	rəqqas	[ræk'kas]
bailarina (f)	rəqqasə	[rækka'sæ]
artista (m)	artist	[ar'tist]
artista (f)	artist qadın	[ar'tist ga'dın]
músico (m)	musiqiçi	[musigi'tʃi]
pianista (m)	pianoçu	[pi'anotʃu]
guitarrista (m)	qitara çalan	[gi'tara tʃa'lan]
maestro (m)	dirijor	[diri'ʒor]
compositor (m)	bəstəkar	[bæstæ'kar]
empresário (m)	impresario	[imprɛ'sario]
diretor (m) de cinema	rejissor	[rɛʒis'sor]
produtor (m)	prodüser	[pro'dysɛr]
roteirista (m)	ssenarist	[ssɛna'rist]
crítico (m)	tənqidçi	[tængid'tʃi]
escritor (m)	yazıçı	[jazɪ'tʃɪ]
poeta (m)	şair	[ʃa'ir]
escultor (m)	heykəltəraş	[hɛjkælrtæ'raʃ]
pintor (m)	rəssam	[ræs'sam]
malabarista (m)	jonqlyor	[ʒong'lʲor]
palhaço (m)	təlxək	[tæl'xæk]
acrobata (m)	canbaz	[dʒʲan'baz]
ilusionista (m)	fokus göstərən	['fokus gøstæ'ræn]

92. Várias profissões

médico (m)	həkim	[hæ'kim]
enfermeira (f)	tibb bacısı	['tibp badʒʲɪ'sɪ]
psiquiatra (m)	psixiatr	[psiχi'atr]
dentista (m)	stomatoloq	[stoma'toloh]
cirurgião (m)	cərrah	[dʒʲær'rah]
astronauta (m)	astronavt	[astro'navt]
astrônomo (m)	astronom	[astro'nom]

motorista (m)	sürücü	[syry'dʒy]
maquinista (m)	maşınsürən	[maʃinsy'ræn]
mecânico (m)	mexanik	[mɛ'χanik]
mineiro (m)	qazmaçı	[gazma'ʧı]
operário (m)	fəhlə	[fæh'læ]
serralheiro (m)	çilingər	[ʧilin'ɣær]
marceneiro (m)	xarrat	[χar'rat]
torneiro (m)	tornaçı	[torna'ʧı]
construtor (m)	inşaatçı	[inʃaa'ʧı]
soldador (m)	qaynaqçı	[gajnag'ʧı]
professor (m)	professor	[pro'fɛssor]
arquiteto (m)	memar	[mɛ'mar]
historiador (m)	tarixçi	[tariχ'ʧi]
cientista (m)	alim	[a'lim]
físico (m)	fizik	['fizik]
químico (m)	kimyaçı	[kimja'ʧı]
arqueólogo (m)	arxeoloq	[arχɛ'oloh]
geólogo (m)	qeoloq	[gɛ'oloh]
pesquisador (cientista)	tədqiqatçı	[tædgiga'ʧı]
babysitter, babá (f)	dayə	[da'jæ]
professor (m)	pedaqoq	[pɛda'goh]
redator (m)	redaktor	[rɛ'daktor]
redator-chefe (m)	baş redaktor	['baʃ rɛ'daktor]
correspondente (m)	müxbir	[myχ'bir]
datilógrafa (f)	makinaçı	[ma'kinaʧı]
designer (m)	dizayner	[di'zajnɛr]
especialista (m) em informática	bilgisayar ustası	[bilgisa'jar usta'sı]
programador (m)	proqramçı	[program'ʧı]
engenheiro (m)	mühəndis	[myhɛn'dis]
marujo (m)	dənizçi	[dæniz'ʧi]
marinheiro (m)	matros	[mat'ros]
socorrista (m)	xilas edən	[χi'las ɛ'dæn]
bombeiro (m)	yanğınsöndürən	[janɣınsøndy'ræn]
polícia (m)	polis	[po'lis]
guarda-noturno (m)	gözətçi	[gøzæ'ʧi]
detetive (m)	xəfiyyə	[χæfi'æ]
funcionário (m) da alfândega	gömrük işçisi	[gøm'ryk iʃʧi'si]
guarda-costas (m)	şəxsi mühafizəçi	[ʃæχ'si myhafizæ'ʧi]
guarda (m) prisional	nəzarətçi	[næzaræ'ʧi]
inspetor (m)	inspektor	[in'spɛktor]
esportista (m)	idmançı	[idman'ʧı]
treinador (m)	məşqçi	[mæʃg'ʧi]
açougueiro (m)	qəssab	[gæs'sap]
sapateiro (m)	çəkməçi	[ʧækmæ'ʧi]
comerciante (m)	ticarətçi	[tidʒⁱaræ'ʧi]

carregador (m)	malyükləyən	[mal'yklæ'jæn]
estilista (m)	modelçi	[modɛl'ʧi]
modelo (f)	model	[mo'dɛl]

93. Ocupações. Estatuto social

| estudante (~ de escola) | məktəbli | [mæktæb'li] |
| estudante (~ universitária) | tələbə | [tælæ'bæ] |

filósofo (m)	fəlsəfəçi	[fælsæfæ'ʧi]
economista (m)	iqdisadçı	[igtisad'ʧı]
inventor (m)	ixtiraçı	[iχtira'ʧı]

desempregado (m)	işsiz	[iʃ'siz]
aposentado (m)	təqaüdçü	[tægayd'ʧu]
espião (m)	casus	[dʒ'a'sus]

preso, prisioneiro (m)	dustaq	[dus'tah]
grevista (m)	tətilçi	[tætil'ʧi]
burocrata (m)	bürokrat	[byrok'rat]
viajante (m)	səyahətçi	[sæjahæ'ʧi]

| homossexual (m) | homoseksualist | [homosɛksua'list] |
| hacker (m) | xaker | ['χakɛr] |

bandido (m)	quldur	[gul'dur]
assassino (m)	muzdlu qatil	[muzd'l'u 'gatil]
drogado (m)	narkoman	[narko'man]
traficante (m)	narkotik alverçisi	[narko'tik alvɛrʧi'si]
prostituta (f)	fahişə	[fahi'ʃæ]
cafetão (m)	qadın alverçisi	[ga'dın alvɛrʧi'si]

bruxo (m)	caduger	[dʒ'adu'gær]
bruxa (f)	caduger qadın	[dʒ'adu'gær ga'dın]
pirata (m)	dəniz qulduru	[dæ'niz guldu'ru]
escravo (m)	köle	[kø'læ]
samurai (m)	samuray	[samu'raj]
selvagem (m)	vəhşi adam	[væh'ʃi a'dam]

Educação

94. Escola

escola (f)	məktəb	[mæk'tæp]
diretor (m) de escola	məktəb direktoru	[mæk'tæp di'rɛktoru]
aluno (m)	şagird	[ʃa'gird]
aluna (f)	şagird qız	[ʃa'gird 'gız]
estudante (m)	məktəbli	[mæktæb'li]
estudante (f)	məktəbli qız	[mæktæb'li 'gız]
ensinar (vt)	öyrətmək	[øjræt'mæk]
aprender (vt)	öyrənmək	[øjræn'mæk]
decorar (vt)	əzbər öyrənmək	[æz'bær øjræn'mæk]
estudar (vi)	öyrənmək	[øjræn'mæk]
estar na escola	oxumaq	[oχu'mah]
ir à escola	məktəbə getmək	[mæktæ'bæ gɛt'mæk]
alfabeto (m)	əlifba	[ælif'ba]
disciplina (f)	fənn	['fænn]
sala (f) de aula	sinif	[si'nif]
lição, aula (f)	dərs	['dærs]
recreio (m)	tənəffüs	[tænæf'fys]
toque (m)	zəng	['zænh]
classe (f)	parta	['parta]
quadro (m) negro	yazı taxtası	[ja'zı taχta'sı]
nota (f)	qiymət	[gij'mæt]
boa nota (f)	yaxşı qiymət	[jaχ'ʃı gij'mæt]
nota (f) baixa	pis qiymət	['pis gij'mæt]
dar uma nota	qiymət yazmaq	[gij'mæt jaz'mah]
erro (m)	səhv	['sæhv]
errar (vi)	səhv etmək	['sæhv ɛt'mæk]
corrigir (~ um erro)	düzəltmək	[dyzælt'mæk]
cola (f)	şparqalka	[ʃpar'galka]
dever (m) de casa	ev tapşırığı	['ɛv tapʃırı'ɣı]
exercício (m)	məşğələ	[mæʃɣæ'læ]
estar presente	iştirak etmək	[iʃti'rak ɛt'mæk]
estar ausente	iştirak etməmək	[iʃti'rak 'ɛtmæmæk]
punir (vt)	cəzalandırmaq	[dʒæzalandır'mah]
punição (f)	cəza	[dʒæ'za]
comportamento (m)	əxlaq	[æχ'lah]

boletim (m) escolar	gündəlik	[gyndæ'lik]
lápis (m)	karandaş	[karan'daʃ]
borracha (f)	pozan	[po'zan]
giz (m)	təbaşir	[tæba'ʃir]
porta-lápis (m)	qələmdan	[gælæm'dan]
mala, pasta, mochila (f)	portfel	[port'fɛl]
caneta (f)	qələm	[gæ'læm]
caderno (m)	dəftər	[dæf'tær]
livro (m) didático	dərslik	[dærs'lik]
compasso (m)	pərgar	[pær'gʲar]
traçar (vt)	cızmaq	[dʒʲɪz'mah]
desenho (m) técnico	cizgi	[dʒʲiz'gi]
poesia (f)	şer	['ʃɛr]
de cor	ezbərdən	[æzbær'dæn]
decorar (vt)	ezbər öyrənmək	[æz'bær øjræn'mæk]
férias (f pl)	tətil	[tæ'til]
estar de férias	tətilə çıxmaq	[tæti'læ tʃɪx'mah]
teste (m), prova (f)	yoxlama işi	[joχla'ma i'ʃi]
redação (f)	inşa	[in'ʃa]
ditado (m)	imla	[im'la]
exame (m), prova (f)	imtahan	[imta'han]
fazer prova	imtahan vermək	[imta'han vɛr'mæk]
experiência (~ química)	təcrübə	[tædʒʲry'bæ]

95. Colégio. Universidade

academia (f)	akademiya	[aka'dɛmija]
universidade (f)	universitet	[univɛrsi'tɛt]
faculdade (f)	fakültə	[fakul'tæ]
estudante (m)	tələbə	[tælæ'bæ]
estudante (f)	tələbə qız	[tælæ'bæ 'gɪz]
professor (m)	müəllim	[myæl'lim]
auditório (m)	auditoriya	[audi'torija]
graduado (m)	məzun	[mæ'zun]
diploma (m)	diplom	[dip'lom]
tese (f)	dissertasiya	[dissɛr'tasija]
estudo (obra)	tədqiqat	[tædgi'gat]
laboratório (m)	laboratoriya	[labora'torija]
palestra (f)	leksiya	['lɛksija]
colega (m) de curso	kurs yoldaşı	['kurs jolda'ʃɪ]
bolsa (f) de estudos	təqaüd	[tæga'jud]
grau (m) acadêmico	elmi dərəcə	[ɛl'mi dæræ'dʒʲæ]

96. Ciências. Disciplinas

matemática (f)	riyaziyyat	[riazi'at]
álgebra (f)	cəbr	['dʒʲæbr]
geometria (f)	həndəsə	[hændæ'sæ]
astronomia (f)	astronomiya	[astro'nomija]
biologia (f)	biologiya	[bio'logija]
geografia (f)	coğrafiya	[dʒʲo'ɣrafija]
geologia (f)	qeoloqiya	[gɛo'logija]
história (f)	tarix	[ta'riχ]
medicina (f)	təbabət	[tæba'bæt]
pedagogia (f)	pedaqoqika	[pɛda'gogika]
direito (m)	hüquq	[hy'guh]
física (f)	fizika	['fizika]
química (f)	kimya	['kimja]
filosofia (f)	fəlsəfə	[fælsæ'fæ]
psicologia (f)	psixoloqiya	[psiχo'logija]

97. Sistema de escrita. Ortografia

gramática (f)	qrammatika	[gram'matika]
vocabulário (m)	leksika	['lɛksika]
fonética (f)	fonetika	[fo'nɛtika]
substantivo (m)	isim	['isim]
adjetivo (m)	sifət	[si'fæt]
verbo (m)	fel	['fɛl]
advérbio (m)	zərf	['zærf]
pronome (m)	əvəzlik	[ævæz'lik]
interjeição (f)	nida	[ni'da]
preposição (f)	önlük	[øn'lyk]
raiz (f)	sözün kökü	[sø'zyn kø'ky]
terminação (f)	sonluq	[son'lʲuh]
prefixo (m)	önşəkilçi	[ønʃækil'ʧi]
sílaba (f)	heca	[hɛ'dʒʲa]
sufixo (m)	şəkilçi	[ʃækil'ʧi]
acento (m)	vurğu	[vur'ɣu]
apóstrofo (f)	apostrof	[apost'rof]
ponto (m)	nöqtə	[nøg'tæ]
vírgula (f)	verqül	[vɛr'gyl]
ponto e vírgula (m)	nöqtəli verqül	[nøgtæ'li vɛr'gyl]
dois pontos (m pl)	iki nöqtə	[i'ki nøg'tæ]
reticências (f pl)	nöqtələr	[nøgtæ'lær]
ponto (m) de interrogação	sual işarəsi	[su'al iʃaræ'si]
ponto (m) de exclamação	nida işarəsi	[ni'da iʃaræ'si]

aspas (f pl)	dırnaq	[dır'nah]
entre aspas	dırnaq arası	[dır'nah ara'sı]
parênteses (m pl)	mötərizə	[møtæri'zæ]
entre parênteses	mötərizədə	[møtærizæ'dæ]

hífen (m)	defis	[dɛ'fis]
travessão (m)	tire	[ti'rɛ]
espaço (m)	ara	[a'ra]

| letra (f) | hərf | ['hærf] |
| letra (f) maiúscula | böyük hərf | [bø'juk 'hærf] |

| vogal (f) | sait səs | [sa'it 'sæs] |
| consoante (f) | samit səs | [sa'mit 'sæs] |

frase (f)	cümlə	[dʒym'læ]
sujeito (m)	mübtəda	[myptæ'da]
predicado (m)	xəbər	[χæ'bær]

linha (f)	sətir	[sæ'tir]
em uma nova linha	yeni sətirdən	[ɛ'ni sætir'dæn]
parágrafo (m)	abzas	['abzas]

palavra (f)	söz	['søz]
grupo (m) de palavras	söz birləşməsi	[søz birlæʃmæ'si]
expressão (f)	ifadə	[ifa'dæ]
sinônimo (m)	sinonim	[si'nonim]
antônimo (m)	antonim	[an'tonim]

regra (f)	qayda	[gaj'da]
exceção (f)	istisna	[istis'na]
correto (adj)	düzgün	[dyz'gyn]

conjugação (f)	təsrif	[tæs'rif]
declinação (f)	hallanma	[hallan'ma]
caso (m)	hal	['hal]
pergunta (f)	sual	[su'al]
sublinhar (vt)	altından xətt çəkmək	[altın'dan 'χætt tʃæk'mæk]
linha (f) pontilhada	punktir	[punk'tir]

98. Línguas estrangeiras

língua (f)	dil	['dil]
língua (f) estrangeira	xarici dil	[χari'dʒⁱi dil]
estudar (vt)	öyrənmək	[øjræn'mæk]
aprender (vt)	öyrənmək	[øjræn'mæk]

ler (vt)	oxumaq	[oχu'mah]
falar (vi)	danışmaq	[danıʃ'mah]
entender (vt)	başa düşmək	[ba'ʃa dyʃ'mæk]
escrever (vt)	yazmaq	[jaz'mah]

| rapidamente | cəld | ['dʒⁱæld] |
| devagar, lentamente | yavaş | [ja'vaʃ] |

fluentemente	sərbəst	[sær'bæst]
regras (f pl)	qaydalar	[gajda'lar]
gramática (f)	qrammatika	[gram'matika]
vocabulário (m)	leksika	['lɛksika]
fonética (f)	fonetika	[fo'nɛtika]
livro (m) didático	dərslik	[dæers'lik]
dicionário (m)	lüğet	[ly'ɣæt]
manual (m) autodidático	rəhbər	[ræh'bær]
guia (m) de conversação	danışıq kitabı	[danı'ʃıh kita'bı]
fita (f) cassete	kasset	[kas'sɛt]
videoteipe (m)	video kasset	['vidɛo kas'sɛt]
CD (m)	SD diski	[si'di dis'ki]
DVD (m)	DVD	[divi'di]
alfabeto (m)	əlifba	[ælif'ba]
soletrar (vt)	hərf-hərf danışmaq	['hærf 'hærf danıʃ'mah]
pronúncia (f)	tələffüz	[tælæf'fyz]
sotaque (m)	aksent	[ak'sɛnt]
com sotaque	aksentlə danışmaq	[ak'sɛntlæ danıʃ'mah]
sem sotaque	aksentsiz danışmaq	[aksɛn'tsiz danıʃ'mah]
palavra (f)	söz	['søz]
sentido (m)	məna	[mæ'na]
curso (m)	kurslar	[kurs'lar]
inscrever-se (vr)	yazılmaq	[jazıl'mah]
professor (m)	müəllim	[myæl'lim]
tradução (processo)	tərcümə	[tærdʒy'mæ]
tradução (texto)	tərcümə	[tærdʒy'mæ]
tradutor (m)	tərcüməçi	[tærdʒymæ'tʃi]
intérprete (m)	tərcüməçi	[tærdʒymæ'tʃi]
poliglota (ııı)	poliqlot	[polig'lot]
memória (f)	yaddaş	[jad'daʃ]

Descanso. Entretenimento. Viagens

99. Viagens

turismo (m)	turizm	[tu'rizm]
turista (m)	turist	[tu'rist]
viagem (f)	seyahet	[sæeja'hæt]
aventura (f)	macera	[madʒ'æe'ra]
percurso (curta viagem)	sefer	[sæ'fær]
férias (f pl)	mezuniyyet	[mæzuni'æt]
estar de férias	mezuniyyetde olmaq	[mæzuniæt'dæ ol'mah]
descanso (m)	istirahet	[istira'hæt]
trem (m)	qatar	[ga'tar]
de trem (chegar ~)	qatarla	[ga'tarla]
avião (m)	teyyare	[tæja'ræ]
de avião	teyyare ile	[tæja'ræ i'læ]
de carro	maşınla	[ma'ʃınla]
de navio	gemide	[gæmi'dæ]
bagagem (f)	baqaj	[ba'gaʒ]
mala (f)	çamadan	[tʃama'dan]
carrinho (m)	baqaj üçün araba	[ba'gaʒ ju'tʃun ara'ba]
passaporte (m)	pasport	['pasport]
visto (m)	viza	['viza]
passagem (f)	bilet	[bi'lɛt]
passagem (f) aérea	teyyare bileti	[tæja'ræ bilɛ'ti]
guia (m) de viagem	soraq kitabçası	[so'rah kitabtʃa'sı]
mapa (m)	xerite	[xæri'tæ]
área (f)	yer	['ɛr]
lugar (m)	yer	['ɛr]
exotismo (m)	ekzotika	[ɛk'zotika]
exótico (adj)	ekzotik	[ɛkzo'tik]
surpreendente (adj)	teeccüb doğuran	[taæ'dʒyp doɣu'ran]
grupo (m)	qrup	['grup]
excursão (f)	ekskursiya	[ɛks'kursija]
guia (m)	ekskursiya rehberi	[ɛks'kursija ræhbæe'ri]

100. Hotel

hotel (m)	mehmanxana	[mɛhmanxa'na]
motel (m)	motel	[mo'tɛl]
três estrelas	3 ulduzlu	['jutʃ ulduz'lʲu]

cinco estrelas	5 ulduzlu	['bɛʃ ulduz'lʲu]
ficar (vi, vt)	qalmaq	[gal'mah]

quarto (m)	nömrə	[nøm'ræ]
quarto (m) individual	bir nəfərlik nömrə	['bir næfær'lik nøm'ræ]
quarto (m) duplo	iki nəfərlik nömrə	[i'ki næfær'lik nøm'ræ]
reservar um quarto	nömrə təxsis etmək	[nøm'ræ tæχ'sis ɛt'mæk]

meia pensão (f)	yarım pansion	[ja'rım pansi'on]
pensão (f) completa	tam pansion	['tam pansi'on]

com banheira	vannası olan nömrə	[vanna'sı o'lan nøm'ræ]
com chuveiro	duşu olan nömrə	[du'ʃu o'lan nøm'ræ]
televisão (m) por satélite	peyk televiziyası	['pɛjk tɛlɛ'vizijası]
ar (m) condicionado	kondisioner	[kondisio'nɛr]
toalha (f)	dəsmal	[dæs'mal]
chave (f)	açar	[a'ʧar]

administrador (m)	müdir	[my'dir]
camareira (f)	otaq qulluqçusu	[o'tah gullʲugʧu'su]
bagageiro (m)	yükdaşıyan	[jykdaʃı'jan]
porteiro (m)	qapıçı	[gapı'ʧı]

restaurante (m)	restoran	[rɛsto'ran]
bar (m)	bar	['bar]
café (m) da manhã	səhər yeməyi	[sæ'hær ɛmɛ'jı]
jantar (m)	axşam yeməyi	[aχ'ʃam ɛmɛ'jı]
bufê (m)	İsveç masası	[is'vɛʧ masa'sı]

saguão (m)	vestibül	[vɛsti'byl]
elevador (m)	lift	['lift]

NÃO PERTURBE	NARAHAT ETMƏYİN!	[nara'hat 'ɛtmæjın]
PROIBIDO FUMAR!	SİQARET ÇƏKMƏYİN!	[siga'rɛt 'ʧækmæjın]

EQUIPAMENTO TÉCNICO. TRANSPORTES

Equipamento técnico. Transportes

101. Computador

computador (m)	bilgisayar	[bilgisa'jar]
computador (m) portátil	noutbuk	['noutbuk]
ligar (vt)	işə salmaq	[i'ʃæ sal'mah]
desligar (vt)	söndürmək	[søndyr'mæk]
teclado (m)	klaviatura	[klavia'tura]
tecla (f)	dil	['dil]
mouse (m)	bilgisayar siçanı	[bilgisa'jar sitʃa'nı]
tapete (m) para mouse	altlıq	[alt'lıh]
botão (m)	düymə	[dyj'mæ]
cursor (m)	kursor	[kur'sor]
monitor (m)	monitor	[moni'tor]
tela (f)	ekran	[ɛk'ran]
disco (m) rígido	sərt disk	['sært 'disk]
capacidade (f) do disco rígido	sərt diskin həcmi	['sært dis'kin hædʒ'ˈmi]
memória (f)	yaddaş	[jad'daʃ]
memória RAM (f)	operativ yaddaş	[opɛra'tiv jad'daʃ]
arquivo (m)	fayl	['fajl]
pasta (f)	qovluq	[gov'lʲuh]
abrir (vt)	açmaq	[atʃ'mah]
fechar (vt)	bağlamaq	[baɣla'mah]
salvar (vt)	saxlamaq	[saχla'mah]
deletar (vt)	silmək	[sil'mæk]
copiar (vt)	kopyalamaq	[kopjala'mah]
ordenar (vt)	çeşidləmək	[tʃɛʃidlæ'mæk]
copiar (vt)	yenidən yazmaq	[ɛni'dæn jaz'mah]
programa (m)	proqram	[prog'ram]
software (m)	proqram təminatı	[prog'ram tæmina'tı]
programador (m)	proqramçı	[program'tʃı]
programar (vt)	proqramlaşdırmaq	[programlaʃdır'mah]
hacker (m)	xaker	['χakɛr]
senha (f)	parol	[pa'rol]
vírus (m)	virus	['virus]
detectar (vt)	aşkar etmək	[aʃ'kʲar ɛt'mæk]
byte (m)	bayt	['bajt]

megabyte (m)	meqabayt	[mɛga'bajt]
dados (m pl)	məlumatlar	[mælʲumat'lar]
base (f) de dados	məlumatlar bazası	[mælʲumat'lar 'bazası]
cabo (m)	kabel	['kabɛl]
desconectar (vt)	ayırmaq	[ajır'mah]
conectar (vt)	qoşmaq	[goʃ'mah]

102. Internet. E-mail

internet (f)	internet	[intɛr'nɛt]
browser (m)	brauzer	['brauzɛr]
motor (m) de busca	axtarış mənbəyi	[aχta'rıʃ mænbæ'i]
provedor (m)	provayder	[provaj'dɛr]
webmaster (m)	veb ustası	['vɛp usta'sı]
website (m)	veb-sayt	['vɛp 'sajt]
web page (f)	veb-səhifə	['vɛp sæi'fæ]
endereço (m)	ünvan	[yn'van]
livro (m) de endereços	ünvan kitabı	[yn'van kita'bı]
caixa (f) de correio	poçt qutusu	['potʃt gutu'su]
correio (m)	poçt	['potʃt]
mensagem (f)	ismarıc	[isma'rıʤ']
remetente (m)	göndərən	[gøndæ'ræn]
enviar (vt)	göndərmək	[gøndær'mæk]
envio (m)	göndərilmə	[gøndæril'mæ]
destinatário (m)	alan	[a'lan]
receber (vt)	almaq	[al'mah]
correspondência (f)	məktublaşma	[mæktublaʃ'ma]
corresponder-se (vi)	məktublaşmaq	[mæktublaʃ'mah]
arquivo (m)	fayl	['fajl]
fazer download, baixar (vt)	kopyalamaq	[kopjala'mah]
criar (vt)	yaratmaq	[jarat'mah]
deletar (vt)	silmək	[sil'mæk]
deletado (adj)	silinmiş	[silin'miʃ]
conexão (f)	bağlantı	[baɣlan'tı]
velocidade (f)	surət	[su'ræt]
modem (m)	modem	[mo'dɛm]
acesso (m)	yol	['jol]
porta (f)	giriş	[gi'riʃ]
conexão (f)	qoşulma	[goʃul'ma]
conectar (vi)	qoşulmaq	[goʃul'mah]
escolher (vt)	seçmək	[sɛtʃ'mæk]
buscar (vt)	axtarmaq	[aχtar'mah]

103. Eletricidade

eletricidade (f)	elektrik	[ɛlɛkt'rik]
elétrico (adj)	elektrik	[ɛlɛkt'rik]
planta (f) elétrica	elektrik stansiyası	[ɛlɛkt'rik 'stansijası]
energia (f)	enerji	[ɛnɛr'ʒi]
energia (f) elétrica	elektrik enerjisi	[ɛlɛkt'rik ɛnɛrʒi'si]
lâmpada (f)	lampa	[lam'pa]
lanterna (f)	əl fənəri	['æl fænæ'ri]
poste (m) de iluminação	küçə fənəri	[ky'tʃæ fænæ'ri]
luz (f)	işıq	[i'ʃih]
ligar (vt)	qoşmaq	[goʃ'mah]
desligar (vt)	söndürmək	[søndyr'mæk]
apagar a luz	işığı söndürmək	[iʃı'ɣı søndyr'mæk]
queimar (vi)	yanmaq	[jan'mah]
curto-circuito (m)	qısa qapanma	[gı'sa gapan'ma]
ruptura (f)	qırılma	[gırıl'ma]
contato (m)	birləşmə	[birlæʃ'mæ]
interruptor (m)	elektrik açarı	[ɛlɛkt'rik atʃa'rı]
tomada (de parede)	rozetka	[rozɛt'ka]
plugue (m)	ştepsel	[ʃ'tɛpsɛl]
extensão (f)	uzadıcı	[uzadı'dʒ'ı]
fusível (m)	qoruyucu	[goruy'dʒy]
fio, cabo (m)	məftil	[mæf'til]
instalação (f) elétrica	şəbəkə	[ʃæbæ'kæ]
ampère (m)	amper	[am'pɛr]
amperagem (f)	cərəyən gücü	[dʒ'æræ'jæn gy'dʒy]
volt (m)	volt	['volt]
voltagem (f)	gərginlik	[gærgin'lik]
aparelho (m) elétrico	elektrik cihaz	[ɛlɛkt'rik dʒ'i'haz]
indicador (m)	indikator	[indi'kator]
eletricista (m)	elektrik	[ɛ'lɛktrik]
soldar (vt)	lehimləmək	[lɛhimlæ'mæk]
soldador (m)	lehim aləti	[lɛ'him alæ'ti]
corrente (f) elétrica	cərəyan	[dʒ'æræ'jæn]

104. Ferramentas

ferramenta (f)	alət	[a'læt]
ferramentas (f pl)	alətlər	[alæt'lær]
equipamento (m)	avadanlıq	[avadan'lıh]
martelo (m)	çəkic	[tʃæ'kidʒ']
chave (f) de fenda	vintaçan	[vinta'tʃan]
machado (m)	balta	[bal'ta]

serra (f)	mişar	[mi'ʃar]
serrar (vt)	mişarlamaq	[miʃarla'mah]
plaina (f)	rəndə	[ræn'dæ]
aplainar (vt)	rəndələmək	[rændælæ'mæk]
soldador (m)	lehim aləti	[lɛ'him alæ'ti]
soldar (vt)	lehimləmək	[lɛhimlæ'mæk]
lima (f)	suvand	[su'vand]
tenaz (f)	kəlbətin	[kælbæ'tin]
alicate (m)	yastıağız kəlbətin	[jastıa'ɣız kælbæ'tin]
formão (m)	iskənə	[iskæ'næ]
broca (f)	burğu	[bur'ɣu]
furadeira (f) elétrica	burğu	[bur'ɣu]
furar (vt)	deşmək	[dɛʃ'mæk]
faca (f)	bıçaq	[bı'tʃah]
lâmina (f)	uc	['udʒʲ]
afiado (adj)	iti	[i'ti]
cego (adj)	küt	['kyt]
embotar-se (vr)	kütləşmək	[kytlæʃ'mæk]
afiar, amolar (vt)	itiləmək	[itilæ'mæk]
parafuso (m)	bolt	['bolt]
porca (f)	qayka	[gaj'ka]
rosca (f)	yiv	['jıv]
parafuso (para madeira)	şurup	[ʃu'rup]
prego (m)	mismar	[mis'mar]
cabeça (f) do prego	baş	['baʃ]
régua (f)	xətkeş	[χæt'kɛʃ]
fita (f) métrica	ölçü lenti	[øl'tʃu lɛn'ti]
nível (m)	səviyyə ölçən cihaz	[sævi'æ øl'tʃæn dʒʲi'haz]
lupa (f)	zərrəbin	[zærræ'bin]
medidor (m)	ölçü cihazı	[øl'tʃu dʒʲiha'zı]
medir (vt)	ölçmək	[øltʃ'mæk]
escala (f)	şkala	[ʃka'la]
indicação (f), registro (m)	göstərici	[gøstɛri'dʒʲi]
compressor (m)	kompressor	[kom'prɛssor]
microscópio (m)	mikroskop	[mikro'skop]
bomba (f)	nasos	[na'sos]
robô (m)	robot	[ro'bot]
laser (m)	lazer	['lazɛr]
chave (f) de boca	qayka açarı	[gaj'ka atʃa'rı]
fita (f) adesiva	lent-skoç	['lɛnt 'skotʃ]
cola (f)	yapışqan	[japıʃ'gan]
lixa (f)	sumbata kağızı	[sumba'ta kaɣı'zı]
mola (f)	yay	['jaj]
ímã (m)	maqnit	[mag'nit]

luva (f)	əlçək	[æl'dʒʲæk]
corda (f)	kəndir	[kæn'dir]
cabo (~ de nylon, etc.)	ip	['ip]
fio (m)	məftil	[mæf'til]
cabo (~ elétrico)	kabel	['kabɛl]

marreta (f)	ağır çəkic	[a'ɣır ʧæ'kidʒʲ]
pé de cabra (m)	link	['link]
escada (f) de mão	nərdivan	[nærdi'van]
escada (m)	əl nərdivanı	['æl nærdiva'nı]

enroscar (vt)	bərkitmək	[bærkit'mæk]
desenroscar (vt)	açmaq	[aʧ'mah]
apertar (vt)	sıxmaq	[sıχ'mah]
colar (vt)	yapışdırmaq	[japıʃdır'mah]
cortar (vt)	kəsmək	[kæs'mæk]

falha (f)	nasazlıq	[nasaz'lıh]
conserto (m)	təmir	[tæ'mir]
consertar, reparar (vt)	təmir etmək	[tæ'mir ɛt'mæk]
regular, ajustar (vt)	sazlamaq	[sazla'mah]

verificar (vt)	yoxlamaq	[joχla'mah]
verificação (f)	yoxlanış	[joχla'nıʃ]
indicação (f), registro (m)	sayğac göstəricisi	[saj'ɣadʒʲ gøstɛridʒʲi'si]

seguro (adj)	etibarlı	[ɛtibar'lı]
complicado (adj)	mürəkkəb	[myræk'kæp]

enferrujar (vi)	paslanmaq	[paslan'mah]
enferrujado (adj)	paslı	[pas'lı]
ferrugem (f)	pas	['pas]

Transportes

105. Avião

avião (m)	təyyarə	[tæja'ræ]
passagem (f) aérea	təyyarə bileti	[tæja'ræ bilɛ'ti]
companhia (f) aérea	hava yolu şirkəti	[ha'va jo'lʲu ʃirkæ'ti]
aeroporto (m)	hava limanı	[ha'va lima'nı]
supersônico (adj)	səsdən sürətli	[sæs'dæn syræt'li]

comandante (m) do avião	hava gəmisinin komandiri	[ha'va gæmisi'nin komandi'ri]
tripulação (f)	heyyət	[hɛ'jæt]
piloto (m)	pilot	[pi'lot]
aeromoça (f)	stüardessa	[styar'dɛssa]
copiloto (m)	şturman	['ʃturman]

asas (f pl)	qanadlar	[ganad'lar]
cauda (f)	arxa	[ar'χa]
cabine (f)	kabina	[ka'bina]
motor (m)	mühərrik	[myhær'rik]
trem (m) de pouso	şassi	[ʃas'si]
turbina (f)	turbina	[tur'bina]

hélice (f)	propeller	[pro'pɛllɛr]
caixa-preta (f)	qara qutu	[ga'ra gu'tu]
coluna (f) de controle	sükan çarxı	[sy'kʲan ʧar'χı]
combustível (m)	yanacaq	[jana'dʒʲah]

instruções (f pl) de segurança	təlimat	[tæli'mat]
máscara (f) de oxigênio	oksigen maskası	[oksi'gɛn maska'sı]
uniforme (m)	rəsmi paltar	[ræs'ri pal'tar]

colete (m) salva-vidas	xilas edici jilet	[χi'las ædi'dʒʲi ʒi'lɛt]
paraquedas (m)	paraşüt	[para'ʃyt]

decolagem (f)	havaya qalxma	[hava'ja galχ'ma]
descolar (vi)	havaya qalxmaq	[hava'ja galχ'mah]
pista (f) de decolagem	qalxma-enmə zolağı	[galχ'ma ɛn'mæ zola'ɣı]

visibilidade (f)	görünmə dərəcəsi	[gøryn'mæ dærædʒʲæ'si]
voo (m)	uçuş	[u'ʧuʃ]

altura (f)	hündürlük	[hyndyr'lyk]
poço (m) de ar	hava boşluğu	[ha'va boʃlʲu'ɣu]

assento (m)	yer	['ɛr]
fone (m) de ouvido	qulaqlıqlar	[gulaglıg'lar]
mesa (f) retrátil	qatlanan masa	[gatla'nan ma'sa]
janela (f)	illüminator	[illymi'nator]
corredor (m)	keçid	[kɛ'ʧid]

106. Comboio

trem (m)	qatar	[ga'tar]
trem (m) elétrico	elektrik qatarı	[ɛlɛkt'rik gata'rı]
trem (m)	süret qatarı	[sy'ræt gata'rı]
locomotiva (f) diesel	teplovoz	[tɛplo'voz]
locomotiva (f) a vapor	parovoz	[paro'voz]
vagão (f) de passageiros	vaqon	[va'gon]
vagão-restaurante (m)	vaqon-restoran	[va'gon rɛsto'ran]
carris (m pl)	relslər	[rɛls'lær]
estrada (f) de ferro	dəmiryolu	[dæmirjo'lʲu]
travessa (f)	şpal	['ʃpal]
plataforma (f)	platforma	[plat'forma]
linha (f)	yol	['jol]
semáforo (m)	semafor	[sɛma'for]
estação (f)	stansiya	['stansija]
maquinista (m)	maşınsürən	[maʃınsy'ræn]
bagageiro (m)	yükdaşıyan	[jykdaʃı'jan]
hospedeiro, -a (m, f)	bələdçi	[bælæd'ʧi]
passageiro (m)	sərnişin	[særni'ʃin]
revisor (m)	nəzarətçi	[næzaræ'ʧi]
corredor (m)	dəhliz	[dæh'liz]
freio (m) de emergência	stop-kran	['stop 'kran]
compartimento (m)	kupe	[ku'pɛ]
cama (f)	yataq yeri	[ja'tah ɛ'ri]
cama (f) de cima	yuxarı yer	[juχa'rı 'ɛr]
cama (f) de baixo	aşağı yer	[aʃa'χı 'ɛr]
roupa (f) de cama	yataq dəyişəyi	[ja'tah dæiʃæ'jı]
passagem (f)	bilet	[bi'lɛt]
horário (m)	cədvəl	[ʤʲæd'væl]
painel (m) de informação	lövhə	[løv'hæ]
partir (vt)	yola düşmək	[jo'la dyʃ'mæk]
partida (f)	yola düşmə	[jo'la dyʃ'mæ]
chegar (vi)	gəlmək	[gæl'mæk]
chegada (f)	gəlmə	[gæl'mæ]
chegar de trem	qatarla gəlmək	[ga'tarla gæl'mæk]
pegar o trem	qatara minmək	[gata'ra min'mæk]
descer de trem	qatardan düşmək	[gatar'dan dyʃ'mæk]
acidente (m) ferroviário	qəza	[gæ'za]
locomotiva (f) a vapor	parovoz	[paro'voz]
foguista (m)	ocaqçı	[oʤʲag'ʧı]
fornalha (f)	odluq	[od'lʲuh]
carvão (m)	kömür	[kø'myr]

107. Barco

navio (m)	gəmi	[gæ'mi]
embarcação (f)	gəmi	[gæ'mi]
barco (m) a vapor	paroxod	[paro'χod]
barco (m) fluvial	teploxod	[tɛplo'χod]
transatlântico (m)	layner	['lajnɛr]
cruzeiro (m)	kreyser	['krɛjsɛr]
iate (m)	yaxta	['jaχta]
rebocador (m)	yedək	[ɛ'dæk]
barcaça (f)	barja	['barʒa]
ferry (m)	bərə	[bæ'ræ]
veleiro (m)	yelkənli qayıq	[ɛlkæn'li ga'jıh]
bergantim (m)	briqantina	[brigan'tina]
quebra-gelo (m)	buzqıran	[buzgı'ran]
submarino (m)	sualtı qayıq	[sual'tı ga'jıh]
bote, barco (m)	qayıq	[ga'jıh]
baleeira (bote salva-vidas)	şlyupka	['ʃlʲupka]
bote (m) salva-vidas	xilasetmə şlyupkası	[χilasɛt'mæ ʃlʲupka'sı]
lancha (f)	kater	['katɛr]
capitão (m)	kapitan	[kapi'tan]
marinheiro (m)	matros	[mat'ros]
marujo (m)	dənizçi	[dæniz'ʧi]
tripulação (f)	heyyət	[hɛ'jæt]
contramestre (m)	bosman	['bosman]
grumete (m)	gəmi şagirdi	[gæ'mi ʃagir'di]
cozinheiro (m) de bordo	gəmi aşpazı	[gæ'mi aʃpa'zı]
médico (m) de bordo	gəmi həkimi	[gæ'mi hæki'mi]
convés (m)	göyərtə	[gøjær'tæ]
mastro (m)	dirək	[di'ræk]
vela (f)	yelkən	[ɛl'kæn]
porão (m)	anbar	[an'bar]
proa (f)	gəminin qabaq tərəfi	[gæmi'nin ga'bah tæræ'fi]
popa (f)	gəminin arxa tərəfi	[gæmi'nin ar'χa tæræ'fi]
remo (m)	avar	[a'var]
hélice (f)	pərvanə	[pærva'næ]
cabine (m)	kayuta	[ka'juta]
sala (f) dos oficiais	kayut-kompaniya	[ka'jut kom'panija]
sala (f) das máquinas	maşın bölməsi	[ma'ʃın bølmæ'si]
ponte (m) de comando	kapitan körpüsü	[kapi'tan kørpy'sy]
sala (f) de comunicações	radio-rubka	['radio 'rupka]
onda (f)	radio dalğası	['radio dalɣa'sı]
diário (m) de bordo	gəmi jurnalı	[gæ'mi ʒurna'lı]
luneta (f)	müşahidə borusu	[myʃai'dæ boru'su]
sino (m)	zəng	['zænh]

bandeira (f)	bayraq	[baj'rah]
cabo (m)	kanat	[ka'nat]
nó (m)	dənizçi düyünü	[dæniz'tʃi dyju'ny]
corrimão (m)	məhəccər	[mæhæ'dʒʲær]
prancha (f) de embarque	pilləkən	[pillæ'kæn]
âncora (f)	lövbər	[løv'bær]
recolher a âncora	lövbəri qaldırmaq	[løvbæ'ri galdır'mah]
jogar a âncora	lövbər salmaq	[løv'bær sal'mah]
amarra (corrente de âncora)	lövbər zənciri	[løv'bær zændʒʲi'ri]
porto (m)	liman	[li'man]
cais, amarradouro (m)	körpü	[kør'py]
atracar (vi)	sahilə yaxınlaşmaq	[sahi'læ jaχınlaʃ'mah]
desatracar (vi)	sahildən ayrılmaq	[sahil'dæn ajrıl'mah]
viagem (f)	səyahət	[sæja'hæt]
cruzeiro (m)	kruiz	[kru'iz]
rumo (m)	istiqamət	[istiga'mæt]
itinerário (m)	marşrut	[marʃ'rut]
canal (m) de navegação	farvater	[far'vatɛr]
banco (m) de areia	say	['saj]
encalhar (vt)	saya oturmaq	[sa'ja otur'mah]
tempestade (f)	fırtına	[fırtı'na]
sinal (m)	siqnal	[sig'nal]
afundar-se (vr)	batmaq	[bat'mah]
SOS	SOS	['sos]
boia (f) salva-vidas	xilas edici dairə	[χilas ɛdi'dʒʲi dai'ræ]

108. Aeroporto

aeroporto (m)	hava limanı	[ha'va lima'nı]
avião (m)	təyyarə	[tæja'ræ]
companhia (f) aérea	hava yolu şirkəti	[ha'va jo'lʲu ʃirkæ'ti]
controlador (m) de tráfego aéreo	dispetçer	[dis'pɛtʃɛr]
partida (f)	uçub getmə	[u'tʃup gɛt'mæ]
chegada (f)	uçub gəlmə	[u'tʃup gæl'mæ]
chegar (vi)	uçub gəlmək	[u'tʃup gæl'mæk]
hora (f) de partida	yola düşmə vaxtı	[jo'la dyʃ'mæ vaχ'tı]
hora (f) de chegada	gəlmə vaxtı	[gæl'mæ vaχ'tı]
estar atrasado	gecikmək	[gɛdʒʲik'mæk]
atraso (m) de voo	uçuşun gecikməsi	[utʃu'ʃun gɛdʒʲikmæ'si]
painel (m) de informação	məlumat lövhəsi	[mælʲu'mat løvhæ'si]
informação (f)	məlumat	[mælʲu'mat]
anunciar (vt)	elan etmək	[ɛ'lan ɛt'mæk]
voo (m)	reys	['rɛjs]

| alfândega (f) | gömrük | [gøm'ryk] |
| funcionário (m) da alfândega | gömrük işçisi | [gøm'ryk iʃʧi'si] |

declaração (f) alfandegária	bəyannamə	[bæjanna'mæ]
preencher a declaração	bəyannaməni doldurmaq	[bæjannamæ'ni doldur'mah]
controle (m) de passaporte	pasport nəzarəti	['pasport næzaræ'ti]

bagagem (f)	baqaj	[ba'gaʒ]
bagagem (f) de mão	əl yükü	['æl ju'ky]
carrinho (m)	araba	[ara'ba]

pouso (m)	enmə	[ɛn'mæ]
pista (f) de pouso	enmə zolağı	[ɛn'mæ zola'ɣı]
aterrissar (vi)	enmək	[ɛn'mæk]
escada (f) de avião	pilləkən	[pillæ'kæn]

check-in (m)	qeydiyyat	[gɛjdi'at]
balcão (m) do check-in	qeydiyyat yeri	[gɛjdi'at ɛ'ri]
fazer o check-in	qeydiyyatdan keçmək	[gɛjdiat'dan kɛʧ'mæk]
cartão (m) de embarque	minik talonu	[mi'nik talo'nu]
portão (m) de embarque	çıxış	[ʧı'xıʃ]

trânsito (m)	tranzit	[tran'zit]
esperar (vi, vt)	gözləmək	[gøzlæ'mæk]
sala (f) de espera	gözləmə zalı	[gøzlæ'mæ za'lı]
despedir-se (acompanhar)	yola salmaq	[jo'la sal'mah]
despedir-se (dizer adeus)	vidalaşmaq	[vidalaʃ'mah]

Eventos

109. Férias. Evento

festa (f)	bayram	[baj'ram]
feriado (m) nacional	milli bayram	[mil'li baj'ram]
feriado (m)	bayram günü	[baj'ram gy'ny]
festejar (vt)	bayram etmək	[baj'ram ɛt'mæk]
evento (festa, etc.)	hadisə	[hadi'sæ]
evento (banquete, etc.)	tədbir	[tæd'bir]
banquete (m)	banket	[ban'kɛt]
recepção (f)	ziyafət	[zija'fæt]
festim (m)	böyük qonaqlıq	[bø'juk gonag'lıh]
aniversário (m)	ildönümü	[ildøny'my]
jubileu (m)	yubiley	[ybi'lɛj]
celebrar (vt)	qeyd etmək	['gɛjd æt'mæk]
Ano (m) Novo	Yeni il	[ɛ'ni 'il]
Feliz Ano Novo!	Yeni iliniz mübarək!	[ɛ'ni ili'niz myba'ræk]
Natal (m)	Milad	[mi'lad]
Feliz Natal!	Milad bayramınız	[mi'lad bajramı'nız
	şən keçsin!	'ʃæn kɛʧ'sin]
árvore (f) de Natal	Yeni il yolkası	[ɛ'ni 'il jolka'sı]
fogos (m pl) de artifício	salam atəşi	[sa'lam atæ'ʃi]
casamento (m)	toy	['toj]
noivo (m)	bəy	['bæj]
noiva (f)	nişanlı	[niʃan'lı]
convidar (vt)	dəvət etmək	[dæ'væt ɛt'mæk]
convite (m)	dəvətnamə	[dævætna'mæ]
convidado (m)	qonaq	[go'nah]
visitar (vt)	qonaq getmək	[go'nah gɛt'mæk]
receber os convidados	qonaq qarşılamaq	[go'nah garʃıla'mah]
presente (m)	hədiyyə	[hædi'æ]
oferecer, dar (vt)	hədiyyə vermək	[hædi'æ vɛr'mæk]
receber presentes	hədiyyə almaq	[hædi'æ al'mah]
buquê (m) de flores	gül dəstəsi	['gylʲ dæstæ'si]
felicitações (f pl)	təbrik	[tæb'rik]
felicitar (vt)	təbrik etmək	[tæb'rik ɛt'mæk]
cartão (m) de parabéns	təbrik açıqçası	[tæb'rik atʃıgtʃa'sı]
enviar um cartão postal	açıqça göndərmək	[atʃıg'tʃa gøndær'mæk]
receber um cartão postal	açıqça almaq	[atʃıg'tʃa al'mah]

brinde (m)	tost	['tost]
oferecer (vt)	qonaq etmək	[go'nah ɛt'mæk]
champanhe (m)	şampan şərabı	[ʃam'pan ʃæra'bı]

divertir-se (vr)	şənlənmək	[ʃænlæn'mæk]
diversão (f)	şənlik	[ʃæn'lik]
alegria (f)	sevinc	[sɛ'vindʒ]

| dança (f) | rəqs | ['rægs] |
| dançar (vi) | rəqs etmək | ['rægs ɛt'mæk] |

| valsa (f) | vals | ['vals] |
| tango (m) | tanqo | ['tango] |

110. Funerais. Enterro

cemitério (m)	qəbristanlıq	[gæbristan'lıh]
sepultura (f), túmulo (m)	qəbir	[gæ'bir]
lápide (f)	qəbir daşı	[gæ'bir da'ʃı]
cerca (f)	hasar	[ha'sar]
capela (f)	kiçik kilsə	[ki'tʃik kil'sæ]

morte (f)	ölüm	[ø'lym]
morrer (vi)	ölmək	[øl'mæk]
defunto (m)	ölü	[ø'ly]
luto (m)	matəm	[ma'tæm]

enterrar, sepultar (vt)	dəfn etmək	['dæfn ɛt'mæk]
funerária (f)	dəfn etmə bürosu	['dæfn ɛt'mæ byro'su]
funeral (m)	dəfn etmə mərasimi	['dæfn ɛt'mæ mærasi'mi]

coroa (f) de flores	əklil	[æk'lil]
caixão (m)	tabut	[ta'but]
carro (m) funerário	cənazə arabası	[dʒ̩æna'zæ araba'sı]
mortalha (f)	kəfən	[kæ'fæn]

| urna (f) funerária | urna | ['urna] |
| crematório (m) | meyit yandırılan bina | [mɛ'it jandırı'lan bi'na] |

obituário (m), necrologia (f)	nekroloq	[nɛkro'loh]
chorar (vi)	ağlamaq	[aɣla'mah]
soluçar (vi)	hönkür-hönkür ağlamaq	[hø'nkyr hø'nkyr aɣla'mah]

111. Guerra. Soldados

pelotão (m)	vzvod	['vzvod]
companhia (f)	rota	['rota]
regimento (m)	alay	[a'laj]
exército (m)	ordu	[or'du]
divisão (f)	diviziya	[di'vizija]
esquadrão (m)	dəstə	[dæs'tæ]
hoste (f)	qoşun	[go'ʃun]

soldado (m)	əsgər	[æs'gær]
oficial (m)	zabit	[za'bit]
soldado (m) raso	sıravi	[sıra'vi]
sargento (m)	çavuş	[tʃa'vuʃ]
tenente (m)	leytenant	[lɛjtɛ'nant]
capitão (m)	kapitan	[kapi'tan]
major (m)	mayor	[ma'jor]
coronel (m)	polkovnik	[pol'kovnik]
general (m)	general	[gɛnɛ'ral]
marujo (m)	dənizçi	[dæniz'tʃi]
capitão (m)	kapitan	[kapi'tan]
contramestre (m)	bosman	['bosman]
artilheiro (m)	topçu	[top'tʃu]
soldado (m) paraquedista	desantçı	[dɛsan'tʃı]
piloto (m)	təyyarəçi	[tæjaræ'tʃi]
navegador (m)	şturman	['ʃturman]
mecânico (m)	mexanik	[mɛ'χanik]
sapador-mineiro (m)	istehkamçı	[istɛhkam'tʃı]
paraquedista (m)	paraşütçü	[paraʃy'tʃy]
explorador (m)	kəşfiyyatçı	[kæʃfia'tʃı]
atirador (m) de tocaia	snayper	['snajpɛr]
patrulha (f)	patrul	[pat'rul]
patrulhar (vt)	patrul çəkmək	[pat'rul tʃæk'mæk]
sentinela (f)	keşikçi	[kɛʃik'tʃi]
guerreiro (m)	döyüşçü	[døyʃ'tʃu]
patriota (m)	vətənpərvər	[vætænpær'vær]
herói (m)	qəhrəman	[gæhræ'man]
heroína (f)	qəhrəman qadın	[gæhræ'man ga'dın]
traidor (m)	satqın	[sat'gın]
desertor (m)	fərari	[færa'ri]
desertar (vt)	fərarilik etmək	[færari'lik ɛt'mæk]
mercenário (m)	muzdla tutulan əsgər	['muzdla tutu'lan æs'gær]
recruta (m)	yeni əsgər	[ɛ'ni æs'gær]
voluntário (m)	könüllü	[kønyl'ly]
morto (m)	öldürülən	[øldyry'læn]
ferido (m)	yaralı	[jara'lı]
prisioneiro (m) de guerra	əsir	[æ'sir]

112. Guerra. Ações militares. Parte 1

guerra (f)	müharibə	[myhari'bæ]
guerrear (vt)	müharibə etmək	[myhari'bæ ɛt'mæk]
guerra (f) civil	vətəndaş müharibəsi	[vætæn'daʃ myharibæ'si]
perfidamente	xaincəsinə	[χa'indʒ|æsinæ]
declaração (f) de guerra	elan edilmə	[ɛ'lan ɛdil'mæ]

declarar guerra	elan etmək	[ɛ'lan ɛt'mæk]
agressão (f)	təcavüz	[tædʒ'a'vyz]
atacar (vt)	hücum etmək	[hy'dʒⁱum ɛt'mæk]

invadir (vt)	işğal etmək	[iʃ'ɣal ɛt'mæk]
invasor (m)	işğalçı	[iʃɣal'tʃı]
conquistador (m)	istilaçı	[istila'tʃı]

defesa (f)	müdafiyə	[mydafi'jæ]
defender (vt)	müdafiyə etmək	[mydafi'jæ ɛt'mæk]
defender-se (vr)	müdafiyə olunmaq	[mydafi'jæ olⁱun'mah]

inimigo (m)	düşmən	[dyʃ'mæn]
adversário (m)	eleyhdar	[ælɛjh'dar]
inimigo (adj)	düşmən	[dyʃ'mæn]

| estratégia (f) | strategiya | [stra'tɛgija] |
| tática (f) | taktika | ['taktika] |

ordem (f)	əmr	['æmr]
comando (m)	əmr	['æmr]
ordenar (vt)	əmr etmək	['æmr ɛt'mæk]
missão (f)	tapşırıq	[tapʃı'rıh]
secreto (adj)	məxfi	[mæχ'fi]

| batalha (f) | vuruşma | [vuruʃ'ma] |
| combate (m) | döyüş | [dø'juʃ] |

ataque (m)	hücum	[hy'dʒⁱum]
assalto (m)	hücum	[hy'dʒⁱum]
assaltar (vt)	hücum etmək	[hy'dʒⁱum ɛt'mæk]
assédio, sítio (m)	mühasirə	[myhasi'ræ]

| ofensiva (f) | hücum | [hy'dʒⁱum] |
| tomar à ofensiva | hücum etmək | [hy'dʒⁱum ɛt'mæk] |

| retirada (f) | geri çəkilmə | [gɛ'ri tʃækil'mæ] |
| retirar-se (vr) | geri çəkilmək | [gɛ'ri tʃækil'mæk] |

| cerco (m) | mühasirə | [myhasi'ræ] |
| cercar (vt) | mühasirəyə almaq | [myhasiræ'jæ al'mah] |

bombardeio (m)	bombalama	[bombala'ma]
lançar uma bomba	bomba atmaq	[bom'ba at'mah]
bombardear (vt)	bombalamaq	[bombala'mah]
explosão (f)	partlayış	[partla'jıʃ]

tiro (m)	atəş	[a'tæʃ]
dar um tiro	güllə atmaq	[gyl'læ at'mah]
tiroteio (m)	atəş	[a'tæʃ]

apontar para ...	nişan almaq	[ni'ʃan al'mah]
apontar (vt)	tuşlamaq	[tuʃla'mah]
acertar (vt)	sərrast vurmaq	[sær'rast vur'mah]
afundar (~ um navio, etc.)	batırmaq	[batır'mah]
brecha (f)	deşik	[dɛ'ʃik]

afundar-se (vr)	batmaq	[bat'mah]
frente (m)	cəbhə	[dʒ'æb'hæ]
evacuação (f)	təxliyə	[tæχli'jæ]
evacuar (vt)	təxliyə etmək	[tæχli'jæ ɛt'mæk]

trincheira (f)	səngər	[sæ'ngær]
arame (m) enfarpado	tikanlı məftil	[tikʲan'lı mæf'til]
barreira (f) anti-tanque	çəpərləmə	[ʧæpærlæ'mæ]
torre (f) de vigia	qüllə	[gyl'læ]

hospital (m) militar	hospital	['hospital]
ferir (vt)	yaralamaq	[jarala'mah]
ferida (f)	yara	[ja'ra]
ferido (m)	yaralı	[jara'lı]
ficar ferido	yara almaq	[ja'ra al'mah]
grave (ferida ~)	ağır	[a'ɣır]

113. Guerra. Ações militares. Parte 2

cativeiro (m)	əsirlik	[æsir'lik]
capturar (vt)	əsir almaq	[æ'sir al'mah]
estar em cativeiro	əsirlikdə olmaq	[æsirlik'dæ ol'mah]
ser aprisionado	əsir düşmək	[æ'sir dyʃ'mæk]

campo (m) de concentração	həbs düşərgəsi	['hæbs dyʃærgæ'si]
prisioneiro (m) de guerra	əsir	[æ'sir]
escapar (vi)	qaçmaq	[gatʃ'mah]

trair (vt)	satmaq	[sat'mah]
traidor (m)	satqın	[sat'gın]
traição (f)	satqınlıq	[satgın'lıh]

| fuzilar, executar (vt) | güllələmək | [gyllælæ'mæk] |
| fuzilamento (m) | güllə cəzası | [gyl'læ dʒ'æza'sı] |

equipamento (m)	rəsmi geyim	[ræs'mi gɛ'jım]
insígnia (f) de ombro	poqon	[po'gon]
máscara (f) de gás	əleyhqaz	[ælɛjh'gaz]

rádio (m)	ratsiya	['ratsija]
cifra (f), código (m)	şifr	['ʃifr]
conspiração (f)	konspirasiya	[konspi'rasija]
senha (f)	parol	[pa'rol]

mina (f)	mina	['mina]
minar (vt)	minalamaq	['minalamah]
campo (m) minado	minalanmış sahə	['minalanmıʃ sa'hæ]

alarme (m) aéreo	hava həyacanı	[ha'va hæjadʒ'a'nı]
alarme (m)	həyacan	[hæja'dʒ'an]
sinal (m)	signal	[sig'nal]
sinalizador (m)	signal raketi	[sig'nal rakɛ'ti]
quartel-general (m)	qərargah	[gærar'gah]
reconhecimento (m)	kəsfiyyat	[kæʃfi'at]

situação (f)	şərait	[ʃæra'it]
relatório (m)	raport	['raport]
emboscada (f)	pusqu	[pus'gu]
reforço (m)	yardım	[jar'dım]
alvo (m)	hədəf	[hæ'dæf]
campo (m) de tiro	poliqon	[poli'gon]
manobras (f pl)	manevrlər	[ma'nɛvrlær]
pânico (m)	panika	['panika]
devastação (f)	xarabalıq	[χaraba'lıh]
ruínas (f pl)	dağıntı	[daɣın'tı]
destruir (vt)	dağıtmaq	[daɣıt'mah]
sobreviver (vi)	sağ qalmaq	['saɣ gal'mah]
desarmar (vt)	tərksilah etmək	[tærksi'lah ɛt'mæk]
manusear (vt)	işlətmək	[iʃlæt'mæk]
Sentido!	Farağat!	[fara'ɣat]
Descansar!	Azad!	[a'zad]
façanha (f)	hünər	[hy'nær]
juramento (m)	and	['and]
jurar (vi)	and içmək	['and itʃ'mæk]
condecoração (f)	mükafat	[myka'fat]
condecorar (vt)	təltif etmək	[tæl'tif ɛt'mæk]
medalha (f)	medal	[mɛ'dal]
ordem (f)	orden	['ordɛn]
vitória (f)	qələbə	[gælæ'bæ]
derrota (f)	məğlubiyyət	[mæɣlʲubi'æt]
armistício (m)	atəşkəs	[atæʃ'kæs]
bandeira (f)	bayraq	[baj'rah]
glória (f)	şərəf	[ʃæ'ræf]
parada (f)	parad	[pa'rad]
marchar (vi)	addımlamaq	[addımla'mah]

114. Armas

arma (f)	silah	[si'lah]
arma (f) de fogo	odlu silah	[od'lʲu si'lah]
arma (f) branca	soyuq silah	[so'juh si'lah]
arma (f) química	kimyəvi silah	[kimjæ'vi si'lah]
nuclear (adj)	nüvə	[ny'væ]
arma (f) nuclear	nüvə silahı	[ny'væ sila'hı]
bomba (f)	bomba	[bom'ba]
bomba (f) atômica	atom bombası	['atom bomba'sı]
pistola (f)	tapança	[tapan'tʃa]
rifle (m)	tüfəng	[ty'fænh]

semi-automática (f)	avtomat	[avto'mat]
metralhadora (f)	pulemyot	[pulɛ'mʲot]
boca (f)	ağız	[a'ɣɪz]
cano (m)	lülə	[ly'læ]
calibre (m)	kalibr	[ka'libr]
gatilho (m)	çaxmaq	[ʧaχ'mah]
mira (f)	nişangah	[niʃan'gʲah]
carregador (m)	sandıq	[san'dɪh]
coronha (f)	qundaq	[gun'dah]
granada (f) de mão	qumbara	[gumba'ra]
explosivo (m)	partlayıcı maddə	[partlajɪ'dʒʲɪ mad'dæ]
bala (f)	güllə	[gyl'læ]
cartucho (m)	patron	[pat'ron]
carga (f)	güllə	[gyl'læ]
munições (f pl)	döyüş sursatı	[dø'juʃ sursa'tɪ]
bombardeiro (m)	bombardmançı təyyarə	[bombardman'ʧɪ tæja'ræ]
avião (m) de caça	qırıcı təyyarə	[gɪrɪ'dʒʲɪ tæja'ræ]
helicóptero (m)	vertolyot	[vɛrto'lʲot]
canhão (m) antiaéreo	zenit topu	[zɛ'nit to'pu]
tanque (m)	tank	['tank]
canhão (de um tanque)	top	['top]
artilharia (f)	top	['top]
fazer a pontaria	tuşlamaq	[tuʃla'mah]
projétil (m)	mərmi	[mær'mi]
granada (f) de morteiro	mina	['mina]
morteiro (m)	minaatan	['minaatan]
estilhaço (m)	qəlpə	[gæl'pæ]
submarino (m)	sualtı qayıq	[sual'tɪ ga'jɪh]
torpedo (m)	torpeda	[tor'pɛda]
míssil (m)	raket	[ra'kɛt]
carregar (uma arma)	doldurmaq	[doldur'mah]
disparar, atirar (vi)	atəş açmaq	[a'tæʃ aʧ'mah]
apontar para …	nişan almaq	[ni'ʃan al'mah]
baioneta (f)	süngü	[sy'ngy]
espada (f)	qılınc	[gɪ'lɪndʒʲ]
sabre (m)	qılınc	[gɪ'lɪndʒʲ]
lança (f)	nizə	[ni'zæ]
arco (m)	yay	['jaj]
flecha (f)	ox	['oχ]
mosquete (m)	muşket	[muʃ'kɛt]
besta (f)	arbalet	[arba'lɛt]

115. Povos da antiguidade

primitivo (adj)	ibtidai	[iptida'i]
pré-histórico (adj)	tarixdən əvvəlki	[tarix'dæn ævvæl'ki]
antigo (adj)	qədim	[gæ'dim]

Idade (f) da Pedra	Daş dövrü	['daʃ døv'ry]
Idade (f) do Bronze	Tunc dövrü	['tundʒʲ døv'ry]
Era (f) do Gelo	buz dövrü	['buz døv'ry]

tribo (f)	tayfa	[taj'fa]
canibal (m)	adamyeyən	[adamjɛ'jæn]
caçador (m)	ovçu	[ov'tʃu]
caçar (vi)	ova çıxmaq	[o'va tʃɪx'mah]
mamute (m)	mamont	['mamont]

caverna (f)	mağara	[maɣa'ra]
fogo (m)	od	['od]
fogueira (f)	tonqal	[ton'gal]
pintura (f) rupestre	qayaüstü rəsmlər	[gajays'ty ræsm'lær]

ferramenta (f)	iş aləti	['iʃ alæ'ti]
lança (f)	nizə	[ni'zæ]
machado (m) de pedra	daş baltası	['daʃ balta'sı]
guerrear (vt)	müharibə etmək	[myhari'bæ ɛt'mæk]
domesticar (vt)	əhliləşdirmək	[æhlilæʃdir'mæk]

ídolo (m)	büt	['byt]
adorar, venerar (vt)	pərəstiş etmək	[pæræs'tiʃ ɛt'mæk]
superstição (f)	xurafat	[xura'fat]

evolução (f)	təkamül	[tæka'myl]
desenvolvimento (m)	inkişaf	[inki'ʃaf]
extinção (f)	yox olma	['jox ol'ma]
adaptar-se (vr)	uyğunlaşmaq	[ujɣunlaʃ'mah]

arqueologia (f)	arxeoloqiya	[arxeo'logija]
arqueólogo (m)	arxeoloq	[arxɛ'oloh]
arqueológico (adj)	arxeoloji	[arxeolo'ʒi]

escavação (sítio)	qazıntı	[gazın'tı]
escavações (f pl)	qazıntılar	[gazıntı'lar]
achado (m)	tapıntı	[tapın'tı]
fragmento (m)	parça	[par'tʃa]

116. Idade média

povo (m)	xalq	['xalh]
povos (m pl)	xalqlar	[xalg'lar]
tribo (f)	tayfa	[taj'fa]
tribos (f pl)	tayfalar	[tajfa'lar]
bárbaros (pl)	barbarlar	[barbar'lar]
galeses (pl)	qallar	[gal'lar]

godos (pl)	qotlar	[got'lar]
eslavos (pl)	slavyanlar	[slavʲan'lar]
viquingues (pl)	vikinqlər	['vikinglær]
romanos (pl)	romalılar	['romalılar]
romano (adj)	Roma	['roma]
bizantinos (pl)	bizanslılar	[bizanslı'lar]
Bizâncio	Bizans	[bi'zans]
bizantino (adj)	Bizans	[bi'zans]
imperador (m)	imperator	[impɛ'rator]
líder (m)	rəhbər	[ræh'bær]
poderoso (adj)	qüdrətli	[gydræt'li]
rei (m)	kral	['kral]
governante (m)	hökmdar	[høkm'dar]
cavaleiro (m)	rıtsar	['rıtsar]
senhor feudal (m)	mülkədar	[mylʲkæ'dar]
feudal (adj)	mülkədar	[mylʲkæ'dar]
vassalo (m)	vassal	[vas'sal]
duque (m)	hersoq	['hɛrsoh]
conde (m)	qraf	['graf]
barão (m)	baron	[ba'ron]
bispo (m)	yepiskop	[ɛ'piskop]
armadura (f)	yaraq-əsləhə	[ja'rah æslæ'hæ]
escudo (m)	qalxan	[gal'χan]
espada (f)	qılınc	[gı'lındʒʲ]
viseira (f)	dəbilqə üzlüyü	[dæbil'gæ juzly'ju]
cota (f) de malha	dəmir geyim	[dæ'mir gɛ'jım]
cruzada (f)	xaç yürüşü	['χatʃ jury'ʃy]
cruzado (m)	əhl-səlib	['æhl sæ'lip]
território (m)	ərazi	[æra'zi]
atacar (vt)	hücum etmək	[hy'dʒʲum ɛt'mæk]
conquistar (vt)	istila etmək	[isti'la ɛt'mæk]
ocupar, invadir (vt)	işğal etmək	[iʃ'ɣal ɛt'mæk]
assédio, sítio (m)	mühasirə	[myhasi'ræ]
sitiado (adj)	mühasirə olunmuş	[myhasi'ræ olʲun'muʃ]
assediar, sitiar (vt)	mühasirə etmək	[myhasi'ræ ɛt'mæk]
inquisição (f)	inkvizisiya	[inkvi'zisija]
inquisidor (m)	inkvizitor	[inkvi'zitor]
tortura (f)	işgəncə	[iʃgæn'dʒʲæ]
cruel (adj)	qəddar	[gæd'dar]
herege (m)	kafir	[ka'fir]
heresia (f)	küfr	['kyfr]
navegação (f) marítima	gəmiçilik	[gæmitʃi'lik]
pirata (m)	dəniz qulduru	[dæ'niz guldu'ru]
pirataria (f)	dəniz quldurluğu	[dæ'niz guldurlʲu'ɣu]
abordagem (f)	abordaj	[abor'daʒ]

| presa (f), butim (m) | qənimət | [gæni'mæt] |
| tesouros (m pl) | xəzinə | [χæzi'næ] |

descobrimento (m)	kəşf etmə	['kæʃf ɛt'mæ]
descobrir (novas terras)	kəşf etmək	['kæʃf ɛt'mæk]
expedição (f)	ekspedisiya	[ɛkspɛ'disija]

mosqueteiro (m)	muşketyor	[muʃkɛ'tʲor]
cardeal (m)	kardinal	[kardi'nal]
heráldica (f)	heraldika	[hɛ'raldika]
heráldico (adj)	heraldik	[hɛral'dik]

117. Líder. Chefe. Autoridades

rei (m)	kral	['kral]
rainha (f)	kraliçə	[kra'litʃæ]
real (adj)	kral	['kral]
reino (m)	krallıq	[kral'lıh]

| príncipe (m) | şahzadə | [ʃahza'dæ] |
| princesa (f) | şahzadə xanım | [ʃahza'dæ χa'nım] |

presidente (m)	prezident	[prɛzi'dɛnt]
vice-presidente (m)	vitse-prezident	['vitsɛ prɛzi'dɛnt]
senador (m)	senator	[sɛ'nator]

monarca (m)	padşah	[pad'ʃah]
governante (m)	hökmdar	[høkm'dar]
ditador (m)	diktator	[dik'tator]
tirano (m)	zülmkar	[zylʲm'kar]
magnata (m)	maqnat	[mag'nat]

diretor (m)	direktor	[di'rɛktor]
chefe (m)	rəis	[ræ'is]
gerente (m)	idarə başçısı	[ida'ræ baʃtʃı'sı]
patrão (m)	boss	['boss]
dono (m)	sahib	[sa'hip]

chefe (m)	başçı	[baʃ'tʃı]
autoridades (f pl)	hakimiyyət	[hakimi'æt]
superiores (m pl)	rəhbərlik	[ræhbær'lik]

governador (m)	qubernator	[gubɛr'nator]
cônsul (m)	konsul	['konsul]
diplomata (m)	diplomat	[diplo'mat]

| Presidente (m) da Câmara | şəhər icra hakimiyyətinin başçısı | [ʃæ'hær idʒ'ra hakimiæti'nin baʃtʃı'sı] |
| xerife (m) | şerif | [ʃɛ'rif] |

imperador (m)	imperator	[impɛ'rator]
czar (m)	çar	['tʃar]
faraó (m)	firon	[fi'ron]
cã, khan (m)	xan	['χan]

118. Violação da lei. Criminosos. Parte 1

bandido (m)	quldur	[gul'dur]
crime (m)	cinayət	[dʒˈina'jæt]
criminoso (m)	cinayətkar	[dʒˈinajæt'kar]
ladrão (m)	oğru	[oˈɣru]
roubar (vt)	oğurlamaq	[oɣurla'mah]
furto, roubo (m)	oğurluq	[oɣur'lʲuh]
raptar, sequestrar (vt)	qaçırtmaq	[gatʃɪrt'mah]
sequestro (m)	qaçırtma	[gatʃɪrt'ma]
sequestrador (m)	adam oğrusu	[a'dam oɣru'su]
resgate (m)	fidiyə	[fidi'ja]
pedir resgate	fidiyə tələb etmək	[fidi'ja tæ'læp ɛt'mæk]
roubar (vt)	adam soymaq	[a'dam soj'mah]
assaltante (m)	soyğunçu	[sojɣun'tʃu]
extorquir (vt)	zorla pul qoparmaq	['zorla 'pul gopar'mah]
extorsionário (m)	zorla pul qoparan	['zorla 'pul gopa'ran]
extorsão (f)	zorla pul qoparma	['zorla 'pul gopar'ma]
matar, assassinar (vt)	öldürmək	[øldyr'mæk]
homicídio (m)	qətl	['gætl]
homicida, assassino (m)	qatil	[ga'til]
tiro (m)	atəş	[a'tæʃ]
dar um tiro	güllə atmaq	[gyl'læ at'mah]
matar a tiro	güllə ilə vurmaq	[gyl'læ i'læ vur'mah]
disparar, atirar (vi)	atəş açmaq	[a'tæʃ atʃ'mah]
tiroteio (m)	atəş	[a'tæʃ]
incidente (m)	hadisə	[hadi'sæ]
briga (~ de rua)	dava-dalaş	[da'va da'laʃ]
vítima (f)	qurban	[gur'ban]
danificar (vt)	xarab etmək	[χa'rap ɛt'mæk]
dano (m)	ziyan	[zi'jan]
cadáver (m)	meyit	[mɛ'it]
grave (adj)	ağır	[a'ɣır]
atacar (vt)	hücum etmək	[hy'dʒˈum ɛt'mæk]
bater (espancar)	vurmaq	[vur'mah]
espancar (vt)	döymək	[døj'mæk]
tirar, roubar (dinheiro)	əlindən almaq	[ælin'dæn al'mah]
esfaquear (vt)	bıçaqlamaq	[bɪtʃagla'mah]
mutilar (vt)	şikəst etmək	[ʃi'kæst ɛt'mæk]
ferir (vt)	yaralamaq	[jarala'mah]
chantagem (f)	şantaj	[ʃan'taʒ]
chantagear (vt)	şantaj etmək	[ʃan'taʒ ɛt'mæk]
chantagista (m)	şantajçı	[ʃantaʒ'tʃɪ]
extorsão (f)	reket	['rɛkɛt]

extorsionário (m)	reketçi	['rɛkɛtʃi]
gângster (m)	qanqster	['gangstɛr]
máfia (f)	mafiya	['mafija]
punguista (m)	cibgir	[dʒib'gir]
assaltante, ladrão (m)	ev yaran	['ɛv ja'ran]
contrabando (m)	qaçaqçılıq	[gatʃagtʃi'lıh]
contrabandista (m)	qaçaqçı	[gatʃag'tʃi]
falsificação (f)	saxtalaşdırma	[saχtalaʃdır'ma]
falsificar (vt)	saxtalaşdırmaq	[saχtalaʃdır'mah]
falsificado (adj)	saxta	[saχ'ta]

119. Violação da lei. Criminosos. Parte 2

estupro (m)	zorlama	[zorla'ma]
estuprar (vt)	zorlamaq	[zorla'mah]
estuprador (m)	qadın zorlayan	[ga'dın zorla'jan]
maníaco (m)	manyak	[ma'njak]
prostituta (f)	fahişə	[fahi'ʃæ]
prostituição (f)	fahişəlik	[fahiʃæ'lik]
cafetão (m)	qadın alverçisi	[ga'dın alvɛrtʃi'si]
drogado (m)	narkoman	[narko'man]
traficante (m)	narkotik alverçisi	[narko'tik alvɛrtʃi'si]
explodir (vt)	partlatmaq	[partlat'mah]
explosão (f)	partlayış	[partla'jıʃ]
incendiar (vt)	yandırmaq	[jandır'mah]
incendiário (m)	qəsdən yandıran	['gæsdæn jandı'ran]
terrorismo (m)	terrorizm	[tɛrro'rizm]
terrorista (m)	terrorçu	[tɛrror'tʃu]
refém (m)	girov götürulen adam	[gi'rov gøtyry'læn a'dam]
enganar (vt)	yalan satmaq	[ja'lan sat'mah]
engano (m)	yalan	[ja'lan]
vigarista (m)	fırıldaqçı	[fırıldag'tʃı]
subornar (vt)	pulla ələ almaq	['pulla æ'læ al'mah]
suborno (atividade)	pulla ələ alma	['pulla æ'læ al'ma]
suborno (dinheiro)	rüşvət	[ryʃ'væt]
veneno (m)	zəhər	[zæ'hær]
envenenar (vt)	zəhərləmək	[zæhærlæ'mæk]
envenenar-se (vr)	özünü zəhərləmək	[øzy'ny zæhærlæ'mæk]
suicídio (m)	intihar	[inti'har]
suicida (m)	intihar eden adam	[inti'har ɛ'dæn a'dam]
ameaçar (vt)	hədələmək	[hædælæ'mæk]
ameaça (f)	hədə	[hæ'dæ]
atentar contra a vida de …	birinin canına qəsd etmək	[biri'nin dʒanı'na 'gæsd ɛt'mæk]

atentado (m)	qəsd etmə	['gæsd ɛt'mæ]
roubar (um carro)	qaçırmaq	[gatʃır'mah]
sequestrar (um avião)	qaçırmaq	[gatʃır'mah]

| vingança (f) | intiqam | [inti'gam] |
| vingar (vt) | intiqam almaq | [inti'gam al'mah] |

torturar (vt)	işgəncə vermək	[iʃgæn'dʒʲæ vɛr'mæk]
tortura (f)	işgəncə	[iʃgæn'dʒʲæ]
atormentar (vt)	əzab vermək	[æ'zab vɛr'mæk]

pirata (m)	dəniz qulduru	[dæ'niz guldu'ru]
desordeiro (m)	xuliqan	[ɣuli'gan]
armado (adj)	silahlı	[silah'lı]
violência (f)	zorakılıq	[zorakı'lıh]

| espionagem (f) | casusluq | [dʒʲasus'lʲuh] |
| espionar (vi) | casusluq etmək | [dʒʲasus'lʲuh ɛt'mæk] |

120. Polícia. Lei. Parte 1

| justiça (sistema de ~) | ədalət | [æda'læt] |
| tribunal (m) | məhkəmə | [mæhkæ'mæ] |

juiz (m)	hakim	[ha'kim]
jurados (m pl)	prisyajnı içlasçıları	[pri'sʲaʒnı idʒʲlastʃıla'rı]
tribunal (m) do júri	prisyajnılar məhkəməsi	[pri'sʲaʒnılar mæhkæmæ'si]
julgar (vt)	mühakimə etmək	[myhaki'mæ ɛt'mæk]

advogado (m)	vəkil	[væ'kil]
réu (m)	müqəssir	[mygæs'sir]
banco (m) dos réus	müqəssirlər kürsüsü	[mygæssir'lær kyrsy'sy]

| acusação (f) | ittiham | [itti'ham] |
| acusado (m) | müttəhim | [myttæ'him] |

| sentença (f) | hökm | ['høkm] |
| sentenciar (vt) | məhkum etmək | [mæh'kum ɛt'mæk] |

culpado (m)	təqsirkar	[tægsir'kar]
punir (vt)	cəzalandırmaq	[dʒʲæzalandır'mah]
punição (f)	cəza	[dʒʲæ'za]

multa (f)	cərimə	[dʒʲæri'mæ]
prisão (f) perpétua	ömürlük həbs cəzası	[ømyr'lyk 'hæbs dʒʲæza'sı]
pena (f) de morte	ölüm cəzası	[ø'lym dʒʲæza'sı]
cadeira (f) elétrica	elektrik stul	[ɛlɛkt'rik 'stul]
forca (f)	dar ağacı	['dar aɣa'dʒʲı]

| executar (vt) | edam etmək | [ɛ'dam ɛt'mæk] |
| execução (f) | edam | [ɛ'dam] |

| prisão (f) | həbsxana | [hæbsɣa'na] |
| cela (f) de prisão | kamera | ['kamɛra] |

escolta (f)	mühafizə dəstəsi	[myhafi'zæ dæstæ'si]
guarda (m) prisional	gözətçi	[gøzæ'tʃi]
preso, prisioneiro (m)	dustaq	[dus'tah]

| algemas (f pl) | əl qandalları | ['æl gandalla'rı] |
| algemar (vt) | əl qandalları vurmaq | ['æl gandalla'rı vur'mah] |

fuga, evasão (f)	qaçış	[ga'tʃıʃ]
fugir (vi)	qaçmaq	[gatʃ'mah]
desaparecer (vi)	yox olmaq	['jox ol'mah]
soltar, libertar (vt)	azad etmək	[a'zad ɛt'mæk]
anistia (f)	əhf	['æhf]

polícia (instituição)	polis	[po'lis]
polícia (m)	polis	[po'lis]
delegacia (f) de polícia	polis idarəsi	[po'lis idaræ'si]
cassetete (m)	rezin dəyənək	[rɛ'zin dæjæ'næk]
megafone (m)	rupor	['rupor]

carro (m) de patrulha	patrul maşını	[pat'rul maʃi'nı]
sirene (f)	sirena	[si'rɛna]
ligar a sirene	sirenanı qoşmaq	[si'rɛnanı goʃ'mah]
toque (m) da sirene	sirena səsi	[si'rɛna sæ'si]

cena (f) do crime	hadisə yeri	[hadi'sæ ɛ'ri]
testemunha (f)	şahid	[ʃa'hid]
liberdade (f)	azadlıq	[azad'lıh]
cúmplice (m)	cinayət ortağı	[dʒ|ina'jæt orta'ɣı]
escapar (vi)	gözdən itmək	[gøz'dæn it'mæk]
traço (não deixar ~s)	iz	['iz]

121. Polícia. Lei. Parte 2

procura (f)	axtarış	[aχta'rıʃ]
procurar (vt)	axtarmaq	[aχtar'mah]
suspeita (f)	şübhə	[ʃyb'hæ]
suspeito (adj)	şübhəli	[ʃybhæ'li]
parar (veículo, etc.)	dayandırmaq	[dajandır'mah]
deter (fazer parar)	saxlamaq	[saχla'mah]

caso (~ criminal)	iş	['iʃ]
investigação (f)	istintaq	[istin'tah]
detetive (m)	detektiv	[dɛtɛk'tiv]
investigador (m)	müstəntiq	[mystæn'tih]
versão (f)	versiya	['vɛrsija]

motivo (m)	əsas	[æ'sas]
interrogatório (m)	dindirilmə	[dindiril'mæ]
interrogar (vt)	dindirmək	[dindir'mæk]
questionar (vt)	sorğulamaq	[sorɣula'mah]
verificação (f)	yoxlama	[joχla'ma]

| batida (f) policial | basqın | [bas'gın] |
| busca (f) | axtarış | [aχta'rıʃ] |

perseguição (f)	təqib etmə	[tæ'gip ɛt'mæ]
perseguir (vt)	təqib etmək	[tæ'gip ɛt'mæk]
seguir, rastrear (vt)	izləmək	[izlæ'mæk]
prisão (f)	həbs	['hæbs]
prender (vt)	həbs etmək	['hæbs ɛt'mæk]
pegar, capturar (vt)	tutmaq	[tut'mah]
captura (f)	tutma	[tut'ma]
documento (m)	sənəd	[sæ'næd]
prova (f)	sübut	[sy'but]
provar (vt)	sübut etmək	[sy'but ɛt'mæk]
pegada (f)	iz	['iz]
impressões (f pl) digitais	barmaq izləri	[bar'mah izlæ'ri]
prova (f)	dəlil	[dæ'lil]
álibi (m)	alibi	['alibi]
inocente (adj)	günahsız	[gynah'sız]
injustiça (f)	ədalətsizlik	[ædalætsiz'lik]
injusto (adj)	ədalətsiz	[ædalæ'tsiz]
criminal (adj)	kriminal	[krimi'nal]
confiscar (vt)	müsadirə etmək	[mysadi'ræ ɛt'mæk]
droga (f)	narkotik maddə	[narko'tik mad'dæ]
arma (f)	silah	[si'lah]
desarmar (vt)	tərksilah etmək	[tærksi'lah ɛt'mæk]
ordenar (vt)	əmr etmək	['æmr ɛt'mæk]
desaparecer (vi)	yox olmaq	['joχ ol'mah]
lei (f)	qanun	[ga'nun]
legal (adj)	qanuni	[ganu'ni]
ilegal (adj)	qanunsuz	[ganun'suz]
responsabilidade (f)	məsuliyyət	[mæsuli'æt]
responsável (adj)	məsul	[mæ'sul]

NATUREZA

A Terra. Parte 1

122. Espaço sideral

espaço, cosmo (m)	kosmos	['kosmos]
espacial, cósmico (adj)	kosmik	[kos'mik]
espaço (m) cósmico	kosmik fəza	[kos'mik fæ'za]
mundo (m)	dünya	[dy'nja]
universo (m)	kainat	[kai'nat]
galáxia (f)	qalaktika	[ga'laktika]
estrela (f)	ulduz	[ul'duz]
constelação (f)	bürc	['byrdʒ']
planeta (m)	planet	[pla'nɛt]
satélite (m)	peyk	['pɛjk]
meteorito (m)	meteorit	[mɛtɛo'rit]
cometa (m)	kometa	[ko'mɛta]
asteroide (m)	asteroid	[astɛ'roid]
órbita (f)	orbita	[or'bita]
girar (vi)	fırlanmaq	[fırlan'mah]
atmosfera (f)	atmosfer	[atmos'fɛr]
Sol (m)	Günəş	[gy'næʃ]
Sistema (m) Solar	Günəş sistemi	[gy'næʃ sistɛ'mi]
eclipse (m) solar	günəşin tutulması	[gynœ'ʃin tutulmɑ'sı]
Terra (f)	Yer	['ɛr]
Lua (f)	Ay	['aj]
Marte (m)	Mars	['mars]
Vênus (f)	Venera	[vɛ'nɛra]
Júpiter (m)	Yupiter	[ju'pitɛr]
Saturno (m)	Saturn	[sa'turn]
Mercúrio (m)	Merkuri	[mɛr'kurij]
Urano (m)	Uran	[u'ran]
Netuno (m)	Neptun	[nɛp'tun]
Plutão (m)	Pluton	[plʲu'ton]
Via Láctea (f)	Ağ Yol	['aɣ 'jol]
Ursa Maior (f)	Böyük ayı bürcü	[bø'juk a'jı byr'dʒy]
Estrela Polar (f)	Qütb ulduzu	['gytp uldu'zu]
marciano (m)	marslı	[mars'lı]
extraterrestre (m)	başqa planetdən gələn	[baʃ'ga planɛt'dæn gæ'læn]

| alienígena (m) | gəlmə | [gæl'mæ] |
| disco (m) voador | uçan boşqab | [u'ʧan boʃ'gap] |

espaçonave (f)	kosmik gəmi	[kos'mik gæ'mi]
estação (f) orbital	orbital stansiya	[orbi'tal 'stansija]
lançamento (m)	start	['start]

motor (m)	mühərrik	[myhær'rik]
bocal (m)	ucluq	[uʤ'lʲuh]
combustível (m)	yanacaq	[jana'ʤʲah]

cabine (f)	kabina	[ka'bina]
antena (f)	antenna	[an'tɛnna]
vigia (f)	illüminator	[illymi'nator]
bateria (f) solar	günəş batareyası	[gy'næʃ bata'rɛjası]
traje (m) espacial	skafandr	[ska'fandr]

| imponderabilidade (f) | çəkisizlik | [ʧækisiz'lik] |
| oxigênio (m) | oksigen | [oksi'gɛn] |

| acoplagem (f) | uc-uca calama | ['uʤ' u'ʤʲa ʤʲala'ma] |
| fazer uma acoplagem | uc-uca calamaq | ['uʤ' u'ʤʲa ʤʲala'mah] |

observatório (m)	observatoriya	[obsɛrva'torija]
telescópio (m)	teleskop	[tɛlɛs'kop]
observar (vt)	müşaidə etmək	[myʃai'dæ ɛt'mæk]
explorar (vt)	araşdırmaq	[araʃdır'mah]

123. A Terra

Terra (f)	Yer	['ɛr]
globo terrestre (Terra)	yer kürəsi	['ɛr kyræ'si]
planeta (m)	planet	[pla'nɛt]

atmosfera (f)	atmosfer	[atmos'fɛr]
geografia (f)	coğrafiya	[ʤʲo'ɣrafija]
natureza (f)	təbiət	[tæbi'æt]

globo (mapa esférico)	qlobus	['globus]
mapa (m)	xəritə	[xæri'tæ]
atlas (m)	atlas	['atlas]

| Europa (f) | Avropa | [av'ropa] |
| Ásia (f) | Asiya | ['asija] |

| África (f) | Afrika | ['afrika] |
| Austrália (f) | Avstraliya | [av'stralija] |

América (f)	Amerika	[a'mɛrika]
América (f) do Norte	Şimali Amerika	[ʃima'li a'mɛrika]
América (f) do Sul	Cənubi Amerika	[ʤʲænu'bi a'mɛrika]

| Antártida (f) | Antarktida | [antark'tida] |
| Ártico (m) | Arktika | ['arktika] |

124. Pontos cardeais

norte (m)	şimal	[ʃi'mal]
para norte	şimala	[ʃima'la]
no norte	şimalda	[ʃimal'da]
do norte (adj)	şimali	[ʃima'li]
sul (m)	cənub	[dʒˈæ'nup]
para sul	cənuba	[dʒˈænu'ba]
no sul	cənubda	[dʒˈænub'da]
do sul (adj)	cənubi	[dʒˈænu'bi]
oeste, ocidente (m)	qərb	['gærp]
para oeste	qərbə	[gær'bæ]
no oeste	qərbdə	[gærb'dæ]
ocidental (adj)	qərb	['gærp]
leste, oriente (m)	şərq	['ʃærh]
para leste	şərqə	[ʃær'gæ]
no leste	şərqdə	[ʃærg'dæ]
oriental (adj)	şərq	['ʃærh]

125. Mar. Oceano

mar (m)	dəniz	[dæ'niz]
oceano (m)	okean	[okɛ'an]
golfo (m)	körfəz	[kør'fæz]
estreito (m)	boğaz	[bo'gaz]
terra (f) firme	quru	[gu'ru]
continente (m)	materik	[matɛ'rik]
ilha (f)	ada	[a'da]
península (f)	yarımada	[jarıma'da]
arquipélago (m)	arxipelaq	[arχipɛ'lah]
baía (f)	buxta	['buχta]
porto (m)	liman	[li'man]
lagoa (f)	laquna	[la'guna]
cabo (m)	burun	[bu'run]
atol (m)	mərcan adası	[mær'dʒˈan ada'sı]
recife (m)	rif	['rif]
coral (m)	mərcan	[mær'dʒˈan]
recife (m) de coral	mərcan rifi	[mær'dʒˈan ri'fi]
profundo (adj)	dərin	[dæ'rin]
profundidade (f)	dərinlik	[dærin'lik]
abismo (m)	dərinlik	[dærin'lik]
fossa (f) oceânica	çuxur	[tʃu'χur]
corrente (f)	axın	[a'χın]
banhar (vt)	əhatə etmək	[æha'tæ ɛt'mæk]
litoral (m)	sahil	[sa'hil]

costa (f)	sahilboyu	[sahilbo'ju]
maré (f) alta	yükselme	[jyksæl'mæ]
refluxo (m)	çekilme	[ʧækil'mæ]
restinga (f)	dayaz yer	[da'jaz 'ɛr]
fundo (m)	dib	['dip]
onda (f)	dalğa	[dal'ɣa]
crista (f) da onda	lepe beli	[læ'pæ bɛ'li]
espuma (f)	köpük	[kø'pyk]
tempestade (f)	fırtına	[fɪrtɪ'na]
furacão (m)	qasırğa	[gasɪr'ɣa]
tsunami (m)	tsunami	[ʦu'nami]
calmaria (f)	tam sakitlik	['tam sakit'lik]
calmo (adj)	sakit	[sa'kit]
polo (m)	polyus	['polʲus]
polar (adj)	qütbi	[gyt'bi]
latitude (f)	en dairesi	['ɛn dairæ'si]
longitude (f)	uzunluq dairesi	[uzun'lʲuh dairæ'si]
paralela (f)	paralel	[para'lɛl]
equador (m)	ekvator	[ɛk'vator]
céu (m)	sema	[sæ'ma]
horizonte (m)	üfüq	[y'fyh]
ar (m)	hava	[ha'va]
farol (m)	mayak	[ma'jak]
mergulhar (vi)	dalmaq	[dal'mah]
afundar-se (vr)	batmaq	[bat'mah]
tesouros (m pl)	xezine	[χæzi'næ]

126. Nomes de Mares e Oceanos

Oceano (m) Atlântico	Atlantik okean	[atlan'tik okɛ'an]
Oceano (m) Índico	Hind okeanı	['hind okɛa'nɪ]
Oceano (m) Pacífico	Sakit okean	[sa'kit okɛ'an]
Oceano (m) Ártico	Şimal buzlu okeanı	[ʃi'mal buz'lʲu okɛ'an]
Mar (m) Negro	Qara deniz	[ga'ra dæ'niz]
Mar (m) Vermelho	Qırmızı deniz	[gɪrmɪ'zɪ dæ'niz]
Mar (m) Amarelo	Sarı deniz	[sa'rɪ dæ'niz]
Mar (m) Branco	Ağ deniz	['aɣ dæ'niz]
Mar (m) Cáspio	Xezer denizi	[χæ'zær dæni'zi]
Mar (m) Morto	Ölü denizi	[ø'ly dæni'zi]
Mar (m) Mediterrâneo	Aralıq denizi	[ara'lɪh dæni'zi]
Mar (m) Egeu	Egey denizi	[æ'gɛj dæni'zi]
Mar (m) Adriático	Adriatik denizi	[adria'tik dæni'zi]
Mar (m) Arábico	Ereb denizi	[æ'ræp dæni'zi]
Mar (m) do Japão	Yapon denizi	[ja'pon dæni'zi]

| Mar (m) de Bering | Berinq dənizi | ['bɛrinh dæni'zi] |
| Mar (m) da China Meridional | Cənubi Çin dənizi | [dʒʲænu'bi 'tʃin dæni'zi] |

Mar (m) de Coral	Mərcan dənizi	[mær'dʒʲan dæni'zi]
Mar (m) de Tasman	Tasman dənizi	[tas'man dæni'zi]
Mar (m) do Caribe	Karib dənizi	[ka'rip dæni'zi]

| Mar (m) de Barents | Barens dənizi | ['barɛns dæni'zi] |
| Mar (m) de Kara | Kars dənizi | ['kars dæni'zi] |

Mar (m) do Norte	Şimal dənizi	[ʃi'mal dæni'zi]
Mar (m) Báltico	Baltik dənizi	[bal'tik dæni'zi]
Mar (m) da Noruega	Norveç dənizi	[nor'vɛtʃ dæni'zi]

127. Montanhas

montanha (f)	dağ	['daɣ]
cordilheira (f)	dağ silsiləsi	['daɣ silsilæ'si]
serra (f)	sıra dağlar	[sı'ra da'ɣlar]

cume (m)	baş	['baʃ]
pico (m)	zirvə	[zir'væ]
pé (m)	ətək	[æ'tæk]
declive (m)	yamac	[ja'madʒʲ]

vulcão (m)	yanardağ	[janar'daɣ]
vulcão (m) ativo	fəal yanardağ	[fæ'al janar'daɣ]
vulcão (m) extinto	sönmüş yanardağ	[søn'myʃ janar'daɣ]

erupção (f)	püskürmə	[pyskyr'mæ]
cratera (f)	yanardağ ağzı	[janar'daɣ a'ɣzı]
magma (m)	maqma	['magma]
lava (f)	lava	['lava]
fundido (lava ~a)	qızmar	[gız'mar]

cânion, desfiladeiro (m)	kanyon	[ka'njon]
garganta (f)	dərə	[dæ'ræ]
fenda (f)	dar dərə	['dar dæ'ræ]

passo, colo (m)	dağ keçidi	['daɣ kɛtʃi'di]
planalto (m)	plato	['plato]
falésia (f)	qaya	[ga'ja]
colina (f)	təpə	[tæ'pæ]

geleira (f)	buzlaq	[buz'lah]
cachoeira (f)	şəlalə	[ʃæla'læ]
gêiser (m)	qeyzer	['gɛjzɛr]
lago (m)	göl	['gølʲ]

planície (f)	düzən	[dy'zæn]
paisagem (f)	mənzərə	[mænzæ'ræ]
eco (m)	əks-səda	['æks sæ'da]
alpinista (m)	alpinist	[alpi'nist]
escalador (m)	qayalara dırmaşan idmançı	[gajala'ra dırma'ʃan idman'tʃı]

| conquistar (vt) | fəth etmək | ['fæth ɛt'mæk] |
| subida, escalada (f) | dırmaşma | [dırmaʃ'ma] |

128. Nomes de montanhas

Alpes (m pl)	Alp dağları	['alp daɣla'rı]
Monte Branco (m)	Monblan	[mon'blan]
Pirineus (m pl)	Pireney	[pirɛ'nɛj]
Cárpatos (m pl)	Karpat	[kar'pat]
Urais (m pl)	Ural dağları	[u'ral daɣla'rı]
Cáucaso (m)	Qafqaz	[gaf'gaz]
Elbrus (m)	Elbrus	[ɛlb'rus]
Altai (m)	Altay	[al'taj]
Tian Shan (m)	Tyan-Şan	['tjan 'ʃan]
Pamir (m)	Pamir	[pa'mir]
Himalaia (m)	Himalay	[gima'laj]
monte Everest (m)	Everest	[ævɛ'rɛst]
Cordilheira (f) dos Andes	And dağları	['and daɣla'rı]
Kilimanjaro (m)	Kilimancaro	[kiliman'dʒˈaro]

129. Rios

rio (m)	çay	['ʧaj]
fonte, nascente (f)	çeşmə	[ʧɛʃ'mæ]
leito (m) de rio	çay yatağı	['ʧaj jata'ɣı]
bacia (f)	hovuz	[ho'vuz]
desaguar no ...	tökülmək	[tøkyl'mæk]
afluente (m)	axın	[a'χın]
margem (do rio)	sahil	[sa'hil]
corrente (f)	axın	[a'χın]
rio abaixo	axınla aşağıya doğru	[a'χınla aʃaɣı'ja do'ɣru]
rio acima	axınla yuxarıya doğru	[a'χınla juχarı'ja do'ɣru]
inundação (f)	daşqın	[daʃ'gın]
cheia (f)	sel	['sɛl]
transbordar (vi)	daşmaq	[daʃ'mah]
inundar (vt)	su basmaq	['su bas'mah]
banco (m) de areia	say	['saj]
corredeira (f)	kandar	[kan'dar]
barragem (f)	bənd	['bænd]
canal (m)	kanal	[ka'nal]
reservatório (m) de água	su anbarı	['su anba'rı]
eclusa (f)	şlyuz	['ʃlˈuz]
corpo (m) de água	nohur	[no'hur]
pântano (m)	bataqlıq	[batag'lıh]

| lamaçal (m) | bataq | [ba'tah] |
| redemoinho (m) | qıjov | [gı'ʒov] |

riacho (m)	kiçik çay	[ki'ʧik 'ʧaj]
potável (adj)	içməli	[iʧmæ'li]
doce (água)	şirin	[ʃi'rin]

| gelo (m) | buz | ['buz] |
| congelar-se (vr) | donmaq | [don'mah] |

130. Nomes de rios

| rio Sena (m) | Sena | ['sɛna] |
| rio Loire (m) | Luara | [lʲu'ara] |

rio Tâmisa (m)	Temza	['tɛmza]
rio Reno (m)	Reyn	['rɛjn]
rio Danúbio (m)	Dunay	[du'naj]

rio Volga (m)	Volqa	['volga]
rio Don (m)	Don	['don]
rio Lena (m)	Lena	['lɛna]

rio Amarelo (m)	Xuanxe	[χuan'χɛ]
rio Yangtzé (m)	Yanqdzı	[jang'dzı]
rio Mekong (m)	Mekonq	[mɛ'konh]
rio Ganges (m)	Qanq	['ganh]

rio Nilo (m)	Nil	['nil]
rio Congo (m)	Konqo	['kongo]
rio Cubango (m)	Okavanqo	[oka'vango]
rio Zambeze (m)	Zambezi	[zam'bɛzi]
rio Limpopo (m)	Limpopo	[limpo'po]
rio Mississippi (m)	Missisipi	[misi'sipi]

131. Floresta

| floresta (f), bosque (m) | meşə | [mɛ'ʃæ] |
| florestal (adj) | meşə | [mɛ'ʃæ] |

mata (f) fechada	sıx meşəlik	['sıχ mɛʃæ'lik]
arvoredo (m)	ağaclıq	[aɣadʒ'lıh]
clareira (f)	tala	[ta'la]

| matagal (m) | cəngəllik | [dʒʲængæl'lik] |
| mato (m), caatinga (f) | kolluq | [kol'lʲuh] |

| pequena trilha (f) | cığır | [dʒʲı'ɣır] |
| ravina (f) | yarğan | [jar'ɣan] |

| árvore (f) | ağac | [a'ɣadʒʲ] |
| folha (f) | yarpaq | [jar'pah] |

folhagem (f)	yarpaqlar	[jarpag'lar]
queda (f) das folhas	yarpağın tökülməsi	[jarpa'ɣın tøkylmæ'si]
cair (vi)	tökülmək	[tøkyl'mæk]
topo (m)	baş	['baʃ]

ramo (m)	budaq	[bu'dah]
galho (m)	budaq	[bu'dah]
botão (m)	tumurcuq	[tumur'dʒyh]
agulha (f)	iynə	[ij'næ]
pinha (f)	qoza	[go'za]

buraco (m) de árvore	oyuq	[o'juh]
ninho (m)	yuva	[ju'va]
toca (f)	yuva	[ju'va]

tronco (m)	gövdə	[gøv'dæ]
raiz (f)	kök	['køk]
casca (f) de árvore	qabıq	[ga'bıh]
musgo (m)	mamır	[ma'mır]

arrancar pela raiz	kötük çıxarmaq	[kø'tyk ʧıxar'mah]
cortar (vt)	kəsmək	[kæs'mæk]
desflorestar (vt)	qırıb qurtarmaq	[gı'rıp gurtar'mah]
toco, cepo (m)	kötük	[kø'tyk]

fogueira (f)	tonqal	[ton'gal]
incêndio (m) florestal	yanğın	[jan'ɣın]
apagar (vt)	söndürmək	[søndyr'mæk]

guarda-parque (m)	meşəbəyi	[mɛʃæbæ'jı]
proteção (f)	qoruma	[goru'ma]
proteger (a natureza)	mühafizə etmək	[myhafi'zæ ɛt'mæk]
caçador (m) furtivo	brakonyer	[brako'njɛr]
armadilha (f)	tələ	[tæ'læ]

colher (cogumelos, bagas)	yığmaq	[jı'ɣmah]
perder-se (vr)	yolu azmaq	[jo'lʲu az'mah]

132. Recursos naturais

recursos (m pl) naturais	təbii ehtiyatlar	[tæbi'i ɛhtijat'lar]
minerais (m pl)	yeraltı sərvətlər	[ɛral'tı særvæt'lær]
depósitos (m pl)	yataqlar	[jatag'lar]
jazida (f)	yataq	[ja'tah]

extrair (vt)	hasil etmək	[ha'sil ɛt'mæk]
extração (f)	hasilat	[hasi'lat]
minério (m)	filiz	[fi'liz]
mina (f)	mədən	[mæ'dæn]
poço (m) de mina	quyu	[gu'ju]
mineiro (m)	şaxtaçı	['ʃaxtaʧı]

gás (m)	qaz	['gaz]
gasoduto (m)	qaz borusu	['gaz boru'su]

125

petróleo (m)	neft	['nɛft]
oleoduto (m)	neft borusu	['nɛft boru'su]
poço (m) de petróleo	neft qülləsi	['nɛft gyllæ'si]
torre (f) petrolífera	neft buruğu	['nɛft buru'ɣu]
petroleiro (m)	tanker	['tankɛr]

areia (f)	qum	['gum]
calcário (m)	əhəngdaşı	[æhæŋgda'ʃı]
cascalho (m)	çınqıl	[ʧın'gıl]
turfa (f)	torf	['torf]
argila (f)	gil	['gil]
carvão (m)	kömür	[kø'myr]

ferro (m)	dəmir	[dæ'mir]
ouro (m)	qızıl	[gı'zıl]
prata (f)	gümüş	[gy'myʃ]
níquel (m)	nikel	['nikɛl]
cobre (m)	mis	['mis]

zinco (m)	sink	['sink]
manganês (m)	manqan	[man'gan]
mercúrio (m)	civə	[ʤi'væ]
chumbo (m)	qurğuşun	[gurɣu'ʃun]

mineral (m)	mineral	[minɛ'ral]
cristal (m)	kristal	[kris'tal]
mármore (m)	mərmər	[mær'mær]
urânio (m)	uran	[u'ran]

A Terra. Parte 2

133. Tempo

tempo (m)	hava	[ha'va]
previsão (f) do tempo	hava proqnozu	[ha'va progno'zu]
temperatura (f)	temperatur	[tɛmpɛra'tur]
termômetro (m)	istilik ölçən	[isti'lik øl'ʧæn]
barômetro (m)	barometr	[ba'romɛtr]
umidade (f)	rütubət	[rytu'bæt]
calor (m)	çox isti hava	['ʧoχ is'ti ha'va]
tórrido (adj)	çox isti	['ʧoχ is'ti]
está muito calor	çox istidir	['ʧoχ is'tidir]
está calor	istidir	[is'tidir]
quente (morno)	isti	[is'ti]
está frio	soyuqdur	[so'jugdur]
frio (adj)	soyuq	[so'juh]
sol (m)	günəş	[gy'næʃ]
brilhar (vi)	içıq saçmaq	[i'ʃıh satʃ'mah]
de sol, ensolarado	günəşli	[gynæʃ'li]
nascer (vi)	çıxmaq	[ʧıχ'mah]
pôr-se (vr)	batmaq	[bat'mah]
nuvem (f)	bulud	[bu'lʲud]
nublado (adj)	buludlu	[bulʲud'lʲu]
nuvem (f) preta	qara bulud	[ga'ra bu'lʲud]
escuro, cinzento (adj)	tutqun	[tut'gun]
chuva (f)	yağış	[ja'ɣıʃ]
está a chover	yağır	[ja'ɣır]
chuvoso (adj)	yağışlı	[jaɣıʃ'lı]
chuviscar (vi)	çiskinləmək	[ʧiskinlæ'mæk]
chuva (f) torrencial	şiddətli yağış	[ʃiddæt'li ja'ɣıʃ]
aguaceiro (m)	sel	['sɛl]
forte (chuva, etc.)	şiddətli	[ʃiddæt'li]
poça (f)	su gölməçəsi	['su gølmæʧæ'si]
molhar-se (vr)	islanmaq	[islan'mah]
nevoeiro (m)	duman	[du'man]
de nevoeiro	dumanlı	[duman'lı]
neve (f)	qar	['gar]
está nevando	qar yağır	['gar ja'ɣır]

134. Tempo extremo. Catástrofes naturais

trovoada (f)	tufan	[tu'fan]
relâmpago (m)	şimşək	[ʃim'ʃæk]
relampejar (vi)	çaxmaq	[ʧaχ'mah]
trovão (m)	göy gurultusu	[gøj gyrultu'su]
trovejar (vi)	guruldamaq	[gurulda'mah]
está trovejando	göy guruldayır	[gøj gyrulda'jır]
granizo (m)	dolu	[do'lʲu]
está caindo granizo	dolu yağır	[do'lʲu ja'ɣır]
inundar (vt)	su basmaq	['su bas'mah]
inundação (f)	daşqın	[daʃ'gın]
terremoto (m)	zəlzələ	[zælzæ'læ]
abalo, tremor (m)	təkan	[tæ'kan]
epicentro (m)	mərkəz	[mær'kæz]
erupção (f)	püskürmə	[pyskyr'mæ]
lava (f)	lava	['lava]
tornado (m)	burağan	[bura'ɣan]
tornado (m)	tornado	[tor'nado]
tufão (m)	şiddətli fırtına	[ʃiddæt'li fırtı'na]
furacão (m)	qasırğa	[gasır'ɣa]
tempestade (f)	fırtına	[fırtı'na]
tsunami (m)	tsunami	[ʦu'nami]
ciclone (m)	siklon	[sik'lon]
mau tempo (m)	pis hava	['pis ha'va]
incêndio (m)	yanğın	[jan'ɣın]
catástrofe (f)	fəlakət	[fæla'kæt]
meteorito (m)	meteorit	[mɛtɛo'rit]
avalanche (f)	qar uçqunu	['gar uʧgu'nu]
deslizamento (m) de neve	qar uçqunu	['gar uʧgu'nu]
nevasca (f)	çovğun	[ʧov'ɣun]
tempestade (f) de neve	boran	[bo'ran]

Fauna

135. Mamíferos. Predadores

predador (m)	yırtıcı	[jırtı'dʒ'ı]
tigre (m)	pələng	[pæ'lænh]
leão (m)	şir	['ʃir]
lobo (m)	canavar	[dʒ'ana'var]
raposa (f)	tülkü	[tyl'ky]

jaguar (m)	yaquar	[jagu'ar]
leopardo (m)	leopard	[lɛo'pard]
chita (f)	gepard	[gɛ'pard]

pantera (f)	panter	[pan'tɛr]
puma (m)	puma	['puma]
leopardo-das-neves (m)	qar bəbiri	['gar bæbi'ri]
lince (m)	vaşaq	[va'ʃah]

coiote (m)	koyot	[ko'jot]
chacal (m)	çaqqal	[t͡ʃak'kal]
hiena (f)	kaftar	[k'af'tar]

136. Animais selvagens

| animal (m) | heyvan | [hɛj'van] |
| besta (f) | vəhşi heyvan | [væh'ʃi hɛj'van] |

esquilo (m)	sincab	[sin'dʒ'ap]
ouriço (m)	kirpi	[kir'pi]
lebre (f)	dovşan	[dov'ʃan]
coelho (m)	ev dovşanı	['ɛv dovʃa'nı]

texugo (m)	porsuq	[por'suh]
guaxinim (m)	yenot	[ɛ'not]
hamster (m)	dağsiçanı	['daɣsit͡ʃanı]
marmota (f)	marmot	[mar'mot]

toupeira (f)	köstəbək	[køstæ'bæk]
rato (m)	siçan	[si'tʃan]
ratazana (f)	siçovul	[sit͡ʃo'vul]
morcego (m)	yarasa	[jara'sa]

arminho (m)	sincab	[sin'dʒ'ap]
zibelina (f)	samur	[sa'mur]
marta (f)	dələ	[dæ'læ]
doninha (f)	gəlincik	[gɛlin'dʒ'ik]
visom (m)	su samuru	['su samu'ru]

castor (m)	qunduz	[gun'duz]
lontra (f)	susamuru	[susamu'ru]
cavalo (m)	at	['at]
alce (m)	sığın	[sɪ'ɣɪn]
veado (m)	maral	[ma'ral]
camelo (m)	dəvə	[dæ'væ]
bisão (m)	bizon	[bi'zon]
auroque (m)	zubr	['zubr]
búfalo (m)	camış	[dʒʲa'mɪʃ]
zebra (f)	zebra	['zɛbra]
antílope (m)	antilop	[anti'lop]
corça (f)	cüyür	[dʒy'jur]
gamo (m)	xallı maral	[ɣal'lı ma'ral]
camurça (f)	dağ keçisi	['daɣ kɛtʃi'si]
javali (m)	qaban	[ga'ban]
baleia (f)	balina	[ba'lina]
foca (f)	suiti	[sui'ti]
morsa (f)	morj	['morʒ]
urso-marinho (m)	dəniz pişiyi	[dæ'niz piʃi'jı]
golfinho (m)	delfin	[dɛl'fin]
urso (m)	ayı	[a'jı]
urso (m) polar	ağ ayı	['aɣ a'jı]
panda (m)	panda	['panda]
macaco (m)	meymun	[mɛj'mun]
chimpanzé (m)	şimpanze	[ʃimpan'zɛ]
orangotango (m)	oranqutan	[orangu'tan]
gorila (m)	qorilla	[go'rilla]
macaco (m)	makaka	[ma'kaka]
gibão (m)	gibbon	[gib'bon]
elefante (m)	fil	['fil]
rinoceronte (m)	kərgədən	[kærgæ'dan]
girafa (f)	zürafə	[zyra'fæ]
hipopótamo (m)	begemot	[bɛgɛ'mot]
canguru (m)	kenquru	[kɛngu'ru]
coala (m)	koala	[ko'ala]
mangusto (m)	manqust	[man'gust]
chinchila (f)	şinşilla	[ʃin'ʃila]
cangambá (f)	skuns	['skuns]
porco-espinho (m)	oxlu kirpi	[oɣ'lʲu kir'pi]

137. Animais domésticos

gata (f)	pişik	[pi'ʃik]
gato (m) macho	pişik	[pi'ʃik]
cão (m)	it	['it]

cavalo (m)	at	['at]
garanhão (m)	ayğır	[aj'ɣır]
égua (f)	madyan	[ma'djan]

vaca (f)	inək	[i'næk]
touro (m)	buğa	[bu'ɣa]
boi (m)	öküz	[ø'kyz]

ovelha (f)	qoyun	[go'jun]
carneiro (m)	qoyun	[go'jun]
cabra (f)	keçi	[kɛ'ʧi]
bode (m)	erkək keçi	[ɛr'kæk kɛ'ʧi]

| burro (m) | eşşək | [ɛ'ʃʃæk] |
| mula (f) | qatır | [ga'tır] |

porco (m)	donuz	[do'nuz]
leitão (m)	çoşka	[ʧoʃ'ka]
coelho (m)	ev dovşanı	['ɛv dovʃa'nı]

| galinha (f) | toyuq | [to'juh] |
| galo (m) | xoruz | [χo'ruz] |

pata (f), pato (m)	ördək	[ør'dæk]
pato (m)	yaşılbaş	[jaʃıl'baʃ]
ganso (m)	qaz	['gaz]

| peru (m) | hind xoruzu | ['hind χoru'zu] |
| perua (f) | hind toyuğu | ['hind toju'ɣu] |

animais (m pl) domésticos	ev heyvanları	['æv hɛjvanla'rı]
domesticado (adj)	əhliləşdirilmiş	[æhlilæʃdiril'miʃ]
domesticar (vt)	əhliləşdirmək	[æhlilæʃdir'mæk]
criar (vt)	yetişdirmək	[ɛtiʃdir'mæk]

fazenda (f)	ferma	['fɛrma]
aves (f pl) domésticas	ev quşları	['ɛv guʃla'rı]
gado (m)	mal-qara	['mal ga'ra]
rebanho (m), manada (f)	sürü	[sy'ry]

estábulo (m)	tövlə	[tøv'læ]
chiqueiro (m)	donuz damı	[do'nuz da'mı]
estábulo (m)	inək damı	[i'næk da'mı]
coelheira (f)	ev dovşanı saxlanılan yer	['æv dovʃa'nı saχlanı'lan 'ɛr]
galinheiro (m)	toyuq damı	[to'juh da'mı]

138. Pássaros

pássaro (m), ave (f)	quş	['guʃ]
pombo (m)	göyərçin	[gøjær'ʧin]
pardal (m)	sərçə	[sær'ʧæ]
chapim-real (m)	arıquşu	[arıgu'ʃu]
pega-rabuda (f)	sağsağan	[saɣsa'ɣan]
corvo (m)	qarğa	[gar'ɣa]

gralha-cinzenta (f)	qarğa	[gar'ɣa]
gralha-de-nuca-cinzenta (f)	dolaşa	[dola'ʃa]
gralha-calva (f)	zağca	[zaɣ'dʒ'a]
pato (m)	ördək	[ør'dæk]
ganso (m)	qaz	['gaz]
faisão (m)	qırqovul	[gırgo'vul]
águia (f)	qartal	[gar'tal]
açor (m)	qırğı	[gır'ɣı]
falcão (m)	şahin	[ʃa'hin]
abutre (m)	qrif	['grif]
condor (m)	kondor	[kon'dor]
cisne (m)	sona	[so'na]
grou (m)	durna	[dur'na]
cegonha (f)	leylək	[lɛj'læk]
papagaio (m)	tutuquşu	[tutugu'ʃu]
beija-flor (m)	kolibri	[ko'libri]
pavão (m)	tovuz	[to'vuz]
avestruz (m)	straus	[st'raus]
garça (f)	vağ	['vaɣ]
flamingo (m)	qızılqaz	[gızıl'gaz]
pelicano (m)	qutan	[gu'tan]
rouxinol (m)	bülbül	[bylʲ'bylʲ]
andorinha (f)	qaranquş	[garan'guʃ]
tordo-zornal (m)	qaratoyuq	[garato'juh]
tordo-músico (m)	ötən qaratoyuq	[ø'tæn garato'juh]
melro-preto (m)	qara qaratoyuq	[ga'ra garato'juh]
andorinhão (m)	uzunqanad	[uzunga'nad]
cotovia (f)	torağay	[tora'ɣaj]
codorna (f)	bidirçin	[bilʲ'dir'tʃin]
pica-pau (m)	ağacdələn	[aɣadʒ'dæ'læn]
cuco (m)	ququ quşu	[gu'gu gu'ʃu]
coruja (f)	bayquş	[baj'guʃ]
bufo-real (m)	yapalaq	[japa'lah]
tetraz-grande (m)	Sibir xoruzu	[si'bir xoru'zu]
tetraz-lira (m)	tetra quşu	['tɛtra gu'ʃu]
perdiz-cinzenta (f)	kəklik	[kæk'lik]
estorninho (m)	sığırçın	[sıɣır'tʃın]
canário (m)	sarıbülbül	[sarıbylʲ'bylʲ]
galinha-do-mato (f)	qarabağır	[garaba'ɣır]
tentilhão (m)	alacəhrə	[alatʃæh'ræ]
dom-fafe (m)	qar quşu	['gar gu'ʃu]
gaivota (f)	qağayı	[gaga'jı]
albatroz (m)	albatros	[albat'ros]
pinguim (m)	pinqvin	[ping'vin]

139. Peixes. Animais marinhos

brema (f)	çapaq	[t͡ʃa'pah]
carpa (f)	karp	['karp]
perca (f)	xanı balığı	[χa'nı balı'ɣı]
siluro (m)	naqqa	[nak'ka]
lúcio (m)	durnabalığı	[durnabalı'ɣı]
salmão (m)	qızılbalıq	[gızılba'lıh]
esturjão (m)	nərə balığı	[næ'ræ balı'ɣı]
arenque (m)	siyənək	[sijæ'næk]
salmão (m) do Atlântico	somğa	[som'ɣa]
cavala, sarda (f)	skumbriya	['skumbrija]
solha (f), linguado (m)	qalxan balığı	[gal'χan balı'ɣı]
lúcio perca (m)	suf balığı	['suf balı'ɣı]
bacalhau (m)	treska	[trɛs'ka]
atum (m)	tunes	[tu'nɛs]
truta (f)	alabalıq	[alaba'lıh]
enguia (f)	angvil balığı	[ang'vil balı'ɣı]
raia (f) elétrica	elektrikli skat	[ɛlɛktrik'li 'skat]
moreia (f)	müren balığı	[my'rɛn balı'ɣı]
piranha (f)	piranya balığı	[pi'ranja balı'ɣı]
tubarão (m)	köpək balığı	[kø'pæk balı'ɣı]
golfinho (m)	delfin	[dɛl'fin]
baleia (f)	balina	[ba'lina]
caranguejo (m)	qısaquyruq	[gısaguj'ruh]
água-viva (f)	meduza	[mɛ'duza]
polvo (m)	səkkizayaqlı ilbiz	[sækkizajag'lı il'biz]
estrela-do-mar (f)	dəniz ulduzu	[dæ'niz uldu'zu]
ouriço-do-mar (m)	dəniz kirpisi	[dæ'niz kirpi'si]
cavalo-marinho (m)	dəniz atı	[dæ'niz a'tı]
ostra (f)	istridyə	[istri'dʲæ]
camarão (m)	krevet	[krɛ'vɛt]
lagosta (f)	omar	[o'mar]
lagosta (f)	lanqust	[lan'gust]

140. Anfíbios. Répteis

cobra (f)	ilan	[i'lan]
venenoso (adj)	zəhərli	[zæhær'li]
víbora (f)	gürzə	[gyr'zæ]
naja (f)	kobra	['kobra]
píton (m)	piton	[pi'ton]
jiboia (f)	boa	[bo'a]
cobra-de-água (f)	koramal	[kora'mal]

cascavel (f)	zınqırovlu ilan	[zıngırov'lʲu i'lan]
anaconda (f)	anakonda	[ana'konda]
lagarto (m)	kərtənkələ	[kærtænkæ'læ]
iguana (f)	iquana	[igu'ana]
varano (m)	çöl kərtənkələsi	[tʃœl kærtænkælæ'si]
salamandra (f)	salamandr	[sala'mandr]
camaleão (m)	buğələmun	[buɣælæ'mun]
escorpião (m)	əqrəb	[æg'ræp]
tartaruga (f)	tısbağa	[tısba'ɣa]
rã (f)	qurbağa	[gurba'ɣa]
sapo (m)	quru qurbağası	[gu'ru gurbaɣa'sı]
crocodilo (m)	timsah	[tim'sah]

141. Insetos

inseto (m)	həşarat	[hæʃa'rat]
borboleta (f)	kəpənək	[kæpæ'næk]
formiga (f)	qarışqa	[garıʃ'ga]
mosca (f)	milçək	[mil'tʃæk]
mosquito (m)	ağcaqanad	[aɣdʒʲaga'nad]
escaravelho (m)	böcək	[bø'dʒʲæk]
vespa (f)	arı	[a'rı]
abelha (f)	bal arısı	['bal arı'sı]
mamangaba (f)	eşşək arısı	[ɛ'ʃʃæk arı'sı]
moscardo (m)	mozalan	[moza'lan]
aranha (f)	hörümçək	[hørym'tʃæk]
teia (f) de aranha	hörümçək toru	[hørym'tʃæk toru]
libélula (f)	cırcırama	[dʒʲırdʒʲıra'ma]
gafanhoto (m)	şala cırcıraması	[ʃa'la dʒʲırdʒʲırama'sı]
traça (f)	pərvanə	[pærva'næ]
barata (f)	tarakan	[tara'kan]
carrapato (m)	gənə	[gæ'næ]
pulga (f)	birə	[bi'ræ]
borrachudo (m)	mığmığa	[mıɣmı'ɣa]
gafanhoto (m)	çəyirtkə	[tʃæjırt'kæ]
caracol (m)	ilbiz	[il'biz]
grilo (m)	sisəy	[si'sæj]
pirilampo, vaga-lume (m)	işıldaquş	[iʃılda'guʃ]
joaninha (f)	xanımböcəyi	[χanımbødʒʲæ'jı]
besouro (m)	may böcəyi	['maj bødʒʲæ'jı]
sanguessuga (f)	zəli	[zæ'li]
lagarta (f)	kəpənək qurdu	[kæpæ'næk gur'du]
minhoca (f)	qurd	['gurd]
larva (f)	sürfə	[syr'fæ]

Flora

142. Árvores

árvore (f)	ağac	[a'ɣadʒʲ]
decídua (adj)	yarpaqlı	[jarpag'lı]
conífera (adj)	iynəli	[ijnæ'li]
perene (adj)	həmişəyaşıl	[hæmiʃæja'ʃıl]

macieira (f)	alma	[al'ma]
pereira (f)	armud	[ar'mud]
cerejeira (f)	gilas	[gi'las]
ginjeira (f)	albalı	[alba'lı]
ameixeira (f)	gavalı	[gava'lı]

bétula (f)	tozağacı	[tozaɣa'dʒʲı]
carvalho (m)	palıd	[pa'lıd]
tília (f)	cökə	[dʒʲø'kæ]
choupo-tremedor (m)	ağcaqovaq	[aɣdʒʲago'vah]
bordo (m)	ağcaqayın	[aɣdʒʲaga'jın]
espruce (m)	küknar	[kyk'nar]
pinheiro (m)	şam	['ʃam]
alerce, lariço (m)	qara şam ağacı	[ga'ra 'ʃam aɣa'dʒʲı]
abeto (m)	ağ şam ağacı	['aɣ 'ʃam aɣadʒʲı]
cedro (m)	sidr	['sidr]

choupo, álamo (m)	qovaq	[go'vah]
tramazeira (f)	quşarmudu	[guʃarmu'du]
salgueiro (m)	söyüd	[sø'jud]
amieiro (m)	qızılağac	[gızıla'ɣadʒʲ]
faia (f)	fıstıq	[fıs'tıh]
ulmeiro, olmo (m)	qarağac	[gara'ɣadʒʲ]
freixo (m)	göyrüş	[gøj'ryʃ]
castanheiro (m)	şabalıd	[ʃaba'lıd]

magnólia (f)	maqnoliya	[mag'nolija]
palmeira (f)	palma	['palma]
cipreste (m)	sərv	['særv]

mangue (m)	manqra ağacı	['mangra aɣa'dʒʲı]
embondeiro, baobá (m)	baobab	[bao'bap]
eucalipto (m)	evkalipt	[ɛvka'lipt]
sequoia (f)	sekvoya	[sɛk'voja]

143. Arbustos

| arbusto (m) | kol | ['køl] |
| arbusto (m), moita (f) | kolluq | [kol'lʲuh] |

| videira (f) | üzüm | [y'zym] |
| vinhedo (m) | üzüm bağı | [y'zym ba'ɣɪ] |

framboeseira (f)	moruq	[mo'ruh]
groselheira-vermelha (f)	qırmızı qarağat	[gɪrmɪ'zɪ gara'ɣat]
groselheira (f) espinhosa	krıjovnik	[krɪ'ʒovnik]

acácia (f)	akasiya	[a'kasija]
bérberis (f)	zərinc	[zæ'rindʒʲ]
jasmim (m)	jasmin	[ʒas'min]

junípero (m)	ardıc kolu	[ar'dɪdʒʲ ko'lʲu]
roseira (f)	qızılgül kolu	[gɪzɪl'gylʲ ko'lʲu]
roseira (f) brava	itburnu	[itbur'nu]

144. Frutos. Bagas

maçã (f)	alma	[al'ma]
pera (f)	armud	[ar'mud]
ameixa (f)	gavalı	[gava'lɪ]
morango (m)	bağ çiyələyi	['baɣ tʃijælæ'jɪ]
ginja (f)	albalı	[alba'lɪ]
cereja (f)	gilas	[gi'las]
uva (f)	üzüm	[y'zym]

framboesa (f)	moruq	[mo'ruh]
groselha (f) negra	qara qarağat	[ga'ra gara'ɣat]
groselha (f) vermelha	qırmızı qarağat	[gɪrmɪ'zɪ gara'ɣat]
groselha (f) espinhosa	krıjovnik	[krɪ'ʒovnik]
oxicoco (m)	quşüzümü	[guʃyzy'my]
laranja (f)	portağal	[porta'ɣal]
tangerina (f)	mandarin	[manda'rin]
abacaxi (m)	ananas	[ana'nas]
banana (f)	banan	[ba'nan]
tâmara (f)	xurma	[xur'ma]

limão (m)	limon	[li'mon]
damasco (m)	ərik	[æ'rik]
pêssego (m)	şaftalı	[ʃafta'lɪ]
quiuí (m)	kivi	['kivi]
toranja (f)	qreypfrut	['grɛjpfrut]

baga (f)	giləmeyvə	[gilæmɛj'væ]
bagas (f pl)	giləmeyvələr	[gilæmɛjvæ'lær]
arando (m) vermelho	mərsin	[mær'sin]
morango-silvestre (m)	çiyələk	[tʃijæ'læk]
mirtilo (m)	qaragilə	[garagi'læ]

145. Flores. Plantas

| flor (f) | gül | ['gylʲ] |
| buquê (m) de flores | gül dəstəsi | ['gylʲ dæstæ'si] |

rosa (f)	qızılgül	[gɪzɪl'gylʲ]
tulipa (f)	lalə	[la'læ]
cravo (m)	qərənfil	[gæræn'fil]
gladíolo (m)	qladiolus	[gladi'olʲus]

centáurea (f)	peyğəmbərçiçəyi	[pɛjɣæmbært∫it∫æ'jɪ]
campainha (f)	zəngçiçəyi	[zæŋgt∫it∫æ'jɪ]
dente-de-leão (m)	zəncirotu	[zændʒʲiro'tu]
camomila (f)	çobanyastığı	[t∫obanjastɪ'ɣɪ]

aloé (m)	əzvay	[æz'vaj]
cacto (m)	kaktus	['kaktus]
fícus (m)	fikus	['fikus]

lírio (m)	zanbaq	[zan'bah]
gerânio (m)	ətirşah	[ætir'∫ah]
jacinto (m)	giasint	[gia'sint]

mimosa (f)	küsdüm ağacı	[kys'dym aɣa'dʒʲı]
narciso (m)	nərgizgülü	[nærgizgy'ly]
capuchinha (f)	ərikgülü	[ærikgy'ly]

orquídea (f)	səhləb çiçəyi	[sæh'læp t∫it∫æ'jɪ]
peônia (f)	pion	[pi'on]
violeta (f)	bənövşə	[bænøv'∫æ]

amor-perfeito (m)	alabəzək bənövşə	[alabæ'zæk bænøv'∫æ]
não-me-esqueças (m)	yaddaş çiçəyi	[jad'da∫ t∫it∫æ'jɪ]
margarida (f)	qızçiçəyi	[gɪzt∫it∫æ'jɪ]

papoula (f)	lalə	[la'læ]
cânhamo (m)	çətənə	[t∫ætæ'næ]
hortelã, menta (f)	nanə	[na'næ]

lírio-do-vale (m)	inciçiçəyi	[indʒʲit∫it∫æ'jɪ]
campânula-branca (f)	novruzgülü	[novruzgy'ly]

urtiga (f)	gicitkən	[git∫it'kæn]
azedinha (f)	quzuqulağı	[guzugula'ɣɪ]
nenúfar (m)	ağ suzanbağı	['aɣ suzanba'ɣɪ]
samambaia (f)	ayıdöşəyi	[ajıdø∫æ'jɪ]
líquen (m)	şibyə	[∫ib'jæ]

estufa (f)	oranjereya	[oranʒɛ'rɛja]
gramado (m)	qazon	[ga'zon]
canteiro (m) de flores	çiçək ləki	[t∫i't∫æk læ'ki]

planta (f)	bitki	[bit'ki]
grama (f)	ot	['ot]
folha (f) de grama	ot saplağı	['ot sapla'ɣɪ]

folha (f)	yarpaq	[jar'pah]
pétala (f)	ləçək	[læ't∫æk]
talo (m)	saplaq	[sap'lah]
tubérculo (m)	kök yumrusu	[køk jumru'su]
broto, rebento (m)	cücərti	[dʒydʒʲær'ti]

espinho (m)	tikan	[ti'kan]
florescer (vi)	çiçǝk açmaq	[tʃi'tʃæk atʃ'mah]
murchar (vi)	solmaq	[sol'mah]
cheiro (m)	ǝtir	[æ'tir]
cortar (flores)	kǝsmǝk	[kæs'mæk]
colher (uma flor)	dǝrmǝk	[dær'mæk]

146. Cereais, grãos

grão (m)	dǝn	['dæn]
cereais (plantas)	dǝnli bitkilǝr	[dæn'li bitki'lær]
espiga (f)	sümbül	[sym'bylʲ]

trigo (m)	taxıl	[ta'χɪl]
centeio (m)	covdar	[ʤʲov'dar]
aveia (f)	yulaf	[ju'laf]
painço (m)	darı	[da'rɪ]
cevada (f)	arpa	[ar'pa]

milho (m)	qarğıdalı	[garχɪda'lɪ]
arroz (m)	düyü	[dy'ju]
trigo-sarraceno (m)	qarabaşaq	[garaba'ʃah]

ervilha (f)	noxud	[no'χud]
feijão (m) roxo	lobya	[lo'bja]
soja (f)	soya	['soja]
lentilha (f)	mǝrcimǝk	[mærʤʲi'mæk]
feijão (m)	paxla	[paχ'la]

PAÍSES. NACIONALIDADES

147. Europa Ocidental

Europa (f)	Avropa	[av'ropa]
União (f) Europeia	Avropa Birliyi	[av'ropa birli'jı]
Áustria (f)	Avstriya	['avstrija]
Grã-Bretanha (f)	Böyük Britaniya	[bø'juk bri'tanija]
Inglaterra (f)	İngiltərə	[in'giltæræ]
Bélgica (f)	Belçika	['bɛltʃika]
Alemanha (f)	Almaniya	[al'manija]
Países Baixos (m pl)	Niderland	[nidɛr'land]
Holanda (f)	Hollandiya	[hol'landija]
Grécia (f)	Yunanıstan	[junanıs'tan]
Dinamarca (f)	Danimarka	[dani'marka]
Irlanda (f)	İrlandiya	[ir'landija]
Islândia (f)	İslandiya	[is'landija]
Espanha (f)	İspaniya	[is'panija]
Itália (f)	İtaliya	[i'talija]
Chipre (m)	Kıbrıs	['kıbrıs]
Malta (f)	Malta	['malta]
Noruega (f)	Norveç	[nor'vɛtʃ]
Portugal (m)	Portuqaliya	[portu'galija]
Finlândia (f)	Finlyandiya	[fin'lʲandija]
França (f)	Fransa	['fransa]
Suécia (f)	İsveç	[is'vɛtʃ]
Suíça (f)	İsveçrə	[is'vɛtʃræ]
Escócia (f)	Şotlandiya	[ʃot'landija]
Vaticano (m)	Vatikan	[vati'kan]
Liechtenstein (m)	Lixtenşteyn	[liχtɛn'ʃtɛjn]
Luxemburgo (m)	Lüksemburq	[lyksɛm'burh]
Mônaco (m)	Monako	[mo'nako]

148. Europa Central e de Leste

Albânia (f)	Albaniya	[al'banija]
Bulgária (f)	Bolqarıstan	[bolgarıs'tan]
Hungria (f)	Macarıstan	[madʒʲarıs'tan]
Letônia (f)	Latviya	['latvija]
Lituânia (f)	Litva	[lit'va]
Polônia (f)	Polşa	['polʃa]

Romênia (f)	Rumınıya	[ru'mınija]
Sérvia (f)	Serbiya	['sɛrbija]
Eslováquia (f)	Slovakiya	[slo'vakija]

Croácia (f)	Xorvatiya	[xor'vatija]
República (f) Checa	Çexiya	['tʃɛxija]
Estônia (f)	Estoniya	[ɛs'tonija]

Bósnia e Herzegovina (f)	Bosniya və Hersoqovina	['bosnija 'væ hɛrsogo'vina]
Macedônia (f)	Makedoniya	[makɛ'donija]
Eslovênia (f)	Sloveniya	[slo'vɛnija]
Montenegro (m)	Qaradağ	[ga'radaɣ]

149. Países da ex-URSS

| Azerbaijão (m) | Azərbaycan | [azærbaj'dʒan] |
| Armênia (f) | Ermənistan | [ɛrmænis'tan] |

Belarus	Belarus	[bɛla'rus]
Geórgia (f)	Gürcüstan	[gyrdʒys'tan]
Cazaquistão (m)	Qazaxstan	[gazax'stan]
Quirguistão (m)	Qırğızıstan	[gırɣızıs'tan]
Moldávia (f)	Moldova	[mol'dova]

| Rússia (f) | Rusiya | ['rusija] |
| Ucrânia (f) | Ukrayna | [uk'rajna] |

Tajiquistão (m)	Tacikistan	[tadʒ'ikis'tan]
Turquemenistão (m)	Türkmənistan	[tyrkmænis'tan]
Uzbequistão (f)	Özbəkistan	[øzbækis'tan]

150. Asia

Ásia (f)	Asiya	['asija]
Vietnã (m)	Vyetnam	[vjɛt'nam]
Índia (f)	Hindistan	[hindis'tan]
Israel (m)	İsrail	[isra'il]

China (f)	Çin	['tʃin]
Líbano (m)	Livan	[li'van]
Mongólia (f)	Monqolustan	[mongoⁱus'tan]

| Malásia (f) | Malayziya | [ma'lajzija] |
| Paquistão (m) | Pakistan | [pakis'tan] |

Arábia (f) Saudita	Səudiyyə Ərəbistanı	[sæudi'æ æræbista'nı]
Tailândia (f)	Tailand	[tai'land]
Taiwan (m)	Tayvan	[taj'van]
Turquia (f)	Türkiyə	['tyrkijæ]
Japão (m)	Yaponiya	[ja'ponija]
Afeganistão (m)	Afqanistan	[afganis'tan]
Bangladesh (m)	Banqladeş	[bangla'dɛʃ]

| Indonésia (f) | İndoneziya | [indo'nɛzija] |
| Jordânia (f) | İordaniya | [ior'danija] |

Iraque (m)	İraq	[i'rak]
Irã (m)	İran	[i'ran]
Camboja (f)	Kamboca	[kam'boʤa]
Kuwait (m)	Küveyt	[ky'vɛjt]

Laos (m)	Laos	[la'os]
Birmânia (f)	Myanma	['mjanma]
Nepal (m)	Nepal	[nɛ'pal]
Emirados Árabes Unidos	Birləşmiş Ərəb Əmirlikləri	[birlæʃ'miʃ æ'ræp æmirliklæ'ri]

| Síria (f) | Suriya | ['surija] |
| Palestina (f) | Fələstin muxtariyyatı | [fæleæs'tin muxtaria'tı] |

| Coreia (f) do Sul | Cənubi Koreya | [ʤænu'bi ko'rɛja] |
| Coreia (f) do Norte | Şimali Koreya | [ʃima'li ko'rɛja] |

151. América do Norte

Estados Unidos da América	Amerika Birləşmiş Ştatları	[a'mɛrika birlæʃ'miʃ ʃtatla'rı]
Canadá (m)	Kanada	[ka'nada]
México (m)	Meksika	['mɛksika]

152. América Central do Sul

Argentina (f)	Argentina	[argɛn'tina]
Brasil (m)	Braziliya	[bra'zilija]
Colômbia (f)	Kolumbiya	[ko'lʲumbija]

| Cuba (f) | Kuba | ['kuba] |
| Chile (m) | Çili | ['ʧili] |

| Bolívia (f) | Boliviya | [bo'livija] |
| Venezuela (f) | Venesuela | [vɛnɛsu'æla] |

| Paraguai (m) | Paraqvay | [parag'vaj] |
| Peru (m) | Peru | [pɛ'ru] |

Suriname (m)	Surinam	[suri'nam]
Uruguai (m)	Uruqvay	[urug'vaj]
Equador (m)	Ekvador	[ɛkva'dor]

| Bahamas (f pl) | Baqam adaları | [ba'gam adala'rı] |
| Haiti (m) | Haiti | [ha'iti] |

República Dominicana	Dominikan Respublikası	[domini'kan rɛs'publikası]
Panamá (m)	Panama	[pa'nama]
Jamaica (f)	Yamayka	[ja'majka]

153. Africa

Egito (m)	Misir	[mi'sir]
Marrocos	Mərakeş	[mæra'kɛʃ]
Tunísia (f)	Tunis	[tu'nis]
Gana (f)	Qana	['gana]
Zanzibar (m)	Zənzibar	[zænzi'bar]
Quênia (f)	Keniya	['kɛnija]
Líbia (f)	Liviya	['livija]
Madagascar (m)	Madaqaskar	[madagas'kar]
Namíbia (f)	Namibiya	[na'mibija]
Senegal (m)	Seneqal	[sɛnɛ'gal]
Tanzânia (f)	Tanzaniya	[tan'zanija]
África (f) do Sul	Cənubi Afrika respublikası	[dʒ|ænu'bi 'afrika rɛs'publikası]

154. Austrália. Oceania

Austrália (f)	Avstraliya	[av'stralija]
Nova Zelândia (f)	Yeni Zelandiya	[ɛ'ni zɛ'landija]
Tasmânia (f)	Tasmaniya	[tas'manija]
Polinésia (f) Francesa	Fransız Polineziyası	[fran'sız poli'nɛzijası]

155. Cidades

Amesterdã, Amsterdã	Amsterdam	[amstɛr'dam]
Ancara	Ankara	[anka'ra]
Atenas	Afina	[a'fina]
Bagdade	Bağdad	[ba'ɣdad]
Bancoque	Banqkok	[ban'kok]
Barcelona	Barselona	[barsɛ'lona]
Beirute	Beyrut	[bɛj'rut]
Berlim	Berlin	[bɛr'lin]
Bonn	Bonn	['bonn]
Bordéus	Bordo	[bor'do]
Bratislava	Bratislava	[bratisla'va]
Bruxelas	Brüssel	[brys'sɛl]
Bucareste	Buxarest	[buʃa'rɛst]
Budapeste	Budapeşt	[buda'pɛʃt]
Cairo	Qahirə	[gahi'ræ]
Calcutá	Kalkutta	[kal'kutta]
Chicago	Çikaqo	[tʃi'kago]
Cidade do México	Mexiko	['mɛʃiko]
Copenhague	Kopenhaqen	[kopɛn'hagɛn]
Dar es Salaam	Dar Əs Salam	['dar 'æs sa'lam]

Deli	**Dehli**	[dɛh'li]
Dubai	**Dubay**	[du'baj]
Dublim	**Dublin**	['dublin]
Düsseldorf	**Düsseldorf**	['dyssɛlˈdorf]
Estocolmo	**Stokholm**	[stok'holm]
Florença	**Florensiya**	[flo'rɛnsija]
Frankfurt	**Frankfurt**	['frankfurt]
Genebra	**Cenevrə**	[dʒˈɛ'nɛvræ]
Haia	**Haaga**	[ha'aga]
Hamburgo	**Hamburq**	['hamburh]
Hanói	**Hanoy**	[ha'noj]
Havana	**Havana**	[ha'vana]
Helsinque	**Helsinki**	['hɛlsinki]
Hiroshima	**Xirosima**	[χiro'sima]
Hong Kong	**Honkonq**	[hon'konh]
Istambul	**İstanbul**	[istan'bul]
Jerusalém	**Yerusəlim**	[ɛrusæ'lim]
Kiev, Quieve	**Kiyev**	['kiɛv]
Kuala Lumpur	**Kuala Lumpur**	[ku'ala lʲum'pur]
Lion	**Lion**	[li'on]
Lisboa	**Lissabon**	[lissa'bon]
Londres	**London**	['london]
Los Angeles	**Los Anjeles**	['los 'anʒɛlɛs]
Madrid	**Madrid**	[mad'rid]
Marselha	**Marsel**	[mar'sɛl]
Miami	**Mayami**	[ma'jami]
Montreal	**Monreal**	[monrɛ'al]
Moscou	**Moskva**	[mosk'va]
Mumbai	**Bombey**	[bom'bɛj]
Munique	**München**	['mynhɛn]
Nairóbi	**Nayrobi**	[naj'robi]
Nápoles	**Neapol**	[nɛ'apol]
Nice	**Nitsa**	['nitsa]
Nova York	**Nyu-York**	['nju 'jork]
Oslo	**Oslo**	['oslo]
Ottawa	**Ottava**	[ot'tava]
Paris	**Paris**	[pa'ris]
Pequim	**Pekin**	[pɛ'kin]
Praga	**Praqa**	['praga]
Rio de Janeiro	**Rio-de-Janeyro**	['rio dɛ ʒa'nɛjro]
Roma	**Roma**	['roma]
São Petersburgo	**Sankt-Peterburq**	['sankt pɛtɛr'burh]
Seul	**Seul**	[sɛ'ul]
Singapura	**Sinqapur**	[singa'pur]
Sydney	**Sidney**	['sidnɛj]
Taipé	**Taypey**	[taj'pɛj]
Tóquio	**Tokio**	['tokio]
Toronto	**Toronto**	[to'ronto]

Varsóvia	**Varşava**	[var'ʃava]
Veneza	**Venesiya**	[vɛ'nɛsija]
Viena	**Vena**	['vɛna]
Washington	**Vaşinqton**	[vaʃing'ton]
Xangai	**Şanxay**	[ʃan'χaj]